初級

童子軍表解

中華書局印行

編輯大意

本表解資料用歸納法整理，演繹法分解。旨在留精去蕪，刪繁為簡；綱舉列張，務求一目了然。俾讀者既易領悟，復便記憶。並可予實施教學時，獲致事半功倍之效。故本表解不僅可供隊長及團長作為**訓練綱要**之用，實亦為童子軍**學習**、**複習**、**考驗**之良伴。

本表解經教育部審定，初、中、高、三級資料齊全。且循序作有**系統性**之安排，條理清晰，內容充實。插圖力求精美，兼具圖解之功用。足敷童子軍**基本訓練**之需要。

童子軍訓練著重在做，不宜浪費時間講求作筆記，致使興趣索然，本表解對此殊多貢獻，因之出版以來，備受童子軍之歡迎，更為識者所推崇。

國歌

三民主義，吾黨所宗！以建民
國，以進大同。咨爾多士！為民前鋒！夙
夜匪懈主義是從！矢勤矢勇！必信必
忠！一心一德！貫徹始終！

中國童子軍歌

中國 童子軍，童子軍，童子軍！ 我們，我們， 我們是
中華民族的新 生 命！ 年 紀 雖 小 志 氣 眞，
獻此身，獻此心，獻此力，為人群。 忠 孝，仁 愛，
信 義， 和 平，充 實 我們行動 的精 神！
大 家 團 結 向 前 進， 前進， 前進！
靑天 高， 白 日 明。

童子軍鳥瞰

——童子軍是什麼？做什麼？

組織模式

童子軍是全世界青年兒童們的一個偉大集團，他分佈在東西南北，天涯地角，無論中國人和外國人，男孩子和女孩子，陸上和水上，城市和鄉村，都有他們的組織。參加童子軍活動的兒童，無疑地，他是走進了兒童樂園，他們度著活潑快樂的生活，一致地在努力創造他們——兒童們自己的理想世界，同時也是大人們的理想世界。

凡是十二歲以上的兒童青年，願意參加這個偉大集團，不論貧富，無分階級，任何種族、宗教，都是一律被歡迎的。

童子軍的組織，是非常靈活而親切的，每一個份子都有他很高興所隸屬的一群；構成這個偉大集團的基本組織，叫做小隊。小隊內的伴侶，多至八九人，少者六七人，他們一群中有自己產生的領袖，領導著大家去活動，他們充分表現著同心協力、分工合作、甘苦與共的精神。小隊是純兒童結合的單位。幾個小隊的結合，加上有經驗而人格高尙的大人來領導，便成為一團。團是童子軍組織的單位，團以上有地方理事會、省理事會、以至全國理事會，組織十分完善。我們中國童子軍的最高領導機關，便是全國理事會和各部門構成的中國童子軍總會。我們的總會，又是世界童子軍總會的一個會員。

訓練進程

一個兒童走進了童子軍之門，他便有了一定的路徑，到了一站，即刻又看到更遠的一站，過了一個山，即刻又看到更高的一個山，希望永遠引著他前進。讓他一步一步的走著，一段一段的前進。不斷地做，不息地學，而所做的、所學的，全部都是極有趣而有用的東西，對於他不但擴充著人生的樂趣，更是加強著生活的力量。

兒童做了童子軍，他面前立刻現出一個具體而遠大的目標，他必須依照童子軍的誓詞規律去做人、去做事，滿足了這種條件，他才許可穿童子軍的制服，他才配得上稱為一個「童子軍」。

●**初級訓練**　開始做童子軍，他便要至至誠誠地奉行童子軍誓詞，恪守童子軍規律，實踐童子軍銘言，表現童子軍的精神；並且又須知道童子軍特有的標誌—童子軍禮、童子軍徽，以及全世界一致公認這套榮譽的童子軍制服的涵義，也可說是先下一番認識自己的功夫。其次他要知道中華民國的建立與國旗組成的命意，明瞭本隊的一切情形，及與本團的關係，會做加強團體行動協調的操法，以及養成良好的衛生習慣，並且努力參加團體的服務，度過集體生活的訓練。此外，還要能觀察嚮導的記號，學習救傷的初步知識，熟練繩的各種結法等等實用技能。他滿足了上面這些條件，經過了合格考驗，才准許他宣誓，正式加入童子軍；然後他才有穿著童子軍制服和佩帶童子軍初級章的資格和權利，這樣，他便成為一個「初級童子軍」。

●**中級訓練**　做了初級童子軍之後，他必須繼續地前進，立志行善助人，更要抱定濟弱扶傾、天下為公，以及博愛精神去熱心公益，為社會服務。他要熟習與人交往的禮儀，具有察隱知微的觀察能力，知道救己助人的救護常識，以及節約儲蓄、自力生產等各種處世要識。使與大社會時時接觸，培養成一個「社會人」的資格。同時，他又要常到野外去旅行和露營，學習隱蔽術和追踪術的技巧，以及生火、炊事等各種生活技能，養成獨立生活的能力；並且又能辨別方位、應用童子軍旗語相互通訊等各種野外技藝，使與大自然多接近，培養成一個「獨立人」的資格。這些條件再經一一考驗合格，他就可以取得童子軍中級章，成為「中級童子軍」了。這時期中，他又可任意選習專科，多至四種。

●高級訓練　他既做了中級童子軍，他更要努力前進，繼續行善服務。他知道「四海之內皆兄弟也」的國際童子軍組織的偉大力量，共同為世界永久和平而努力。他在團體中、活動時，充分發揮自動的精神。對於救護、訊號、露營、炊事等各種技能，要作進一步的研究與熟練，並且要儘量到自然界去享受野外生活的樂趣，因為他慣住在野外，所以有更多機會去認識自然界裏的各種魚蟲鳥獸、草木鱗介，和觀察星象氣象的各種自然現象。此外，如估測距離、高度，繪製地圖，練習工程等，也是需要一一修鍊，使他手腦並用。還有那水上的游泳，更是需要學會，這是童子軍訓練中，極為重視的一種技能。這些條件一一再經考驗合格，他才有佩帶童子軍高級章的資格；這樣，他即成為一個優秀的「高級童子軍」。那時他可以無限制的，任意選習他自己性情所好的各種專科，來充實自己的學識，擴大自己的技能。

●專科訓練　專科一共有近百種之多，每得一種，就可以佩帶一個專製的徽章。這裏面有關於社會科學的、自然科學的、野外活動的、運動衛生的，還有許多是有關於職業技藝的，可說包羅現代社會上所有的一切學術，儘夠他繼續不斷地學習，使他學無止境。這些雛形的專科，不但好玩，而且把宇宙間的行業和其中的要素，對他作了簡單的介紹，讓他來隨意嘗試、自由學習，使他變成多才多藝；更不期然而然的，他在其中老早就體會出自己性情最適宜的事業，漸漸的決定他的動向，充分發展他特具的才智能力，使他有所專注，而獲取了在他最易成功的行業之成就。

所以一個兒童能得做童子軍，他真是幸福之兒。他能得到許多良朋益友，他能享受各種有趣而生動的人生，他能學到他處所無的有用智能，他能享受美滿愉快的生活。

受此教育的兒童，將來立身處世，在家成為克家之子女，在社會成為有用之人才，在國家成為忠良之國民，在全人類中成為圓滿無缺之完人。

童子軍活動之一

‧野外生活‧

童子軍表解（初級）目次

童子軍

名稱——「童子軍」係 BOY SCOUT 的譯名。它是用野外活動的訓練方式，去培養少年成為快樂健康有用的公民。（有人建議譯為—健士）。

創始人——英人貝登堡爵士 ROBERT S.S.BADEN-POWELL（1857-1941年）。

童子軍的由來

創辦動機

貝氏鑒於當時國內青年道德墮落、體格衰弱，恐遭古代羅馬亡國的覆轍，他認爲想挽救這種危機，必須從未成年的少年著手。

創辦經過

1 貝氏回憶兒時生活及軍中服務所得經驗，並參考各民族訓練青年的優良方法，擬具一種兒童訓練的計劃。

2 招集了兒童二十人，在英國南部白浪島實驗露營，實驗結果，成效卓著，那時是民元前五年（1907年）的夏季，算是世界童子軍的第一團了。

3 貝氏將童子軍訓練的意義和方法寫成「童子警探」SCOUTING FOR BOYS一書，於次年出版。童子軍乃普及英國各地，並遠播世界各國，成為全世界青年兒童們的一個偉大運動。

我國舉辦

我國嚴家麟先生得風氣之先，於民國元年二月二十五日在武昌文華書院首先成立童子軍團。之後，張忠仁先生倡議建立中國童子軍總會，促成全國組訓制度完整，參加國際組織，與世界各國童子軍並駕齊驅。

概說

童子軍的階段

- 稚齡童軍 PRE CUB SCOUT六歲半至八歲半
- 幼童軍 CUB SCOUT 八歲至十二歲
- 童子軍 BOY SCOUT 十一歲以上
- 行義童子軍 SENIOR SCOUT 十四歲以上（海童軍 SEA SCOUT 空童軍 AIR SCOUT 年齡均在十五歲以上）
- 羅浮、蘭傑童子軍 ROVER RANGER SCOUT 十七歲到二十一歲

童子軍的組織

- 世界童子軍總會
- 各國童子軍總會
- 地方童子軍會
- 童子軍團
- 小隊
- 童子軍

會員人數

會員國

- 亞洲—中國、日本、韓國、菲律賓、馬來西亞、新加坡、泰國、印度、斯里蘭卡、巴基斯坦、印尼、敍利亞、黎巴嫩、以色列……
- 歐洲—英國、愛爾蘭、法蘭西、荷蘭、比利時、盧森堡、德國、瑞士、奧地利、芬蘭、瑞典、挪威、丹麥、義大利、葡萄牙、希臘、冰島……
- 美洲—美國、加拿大、墨西哥、巴拿馬、巴西、哥倫比亞、阿根廷、秘魯、智利、瓜地馬拉、哥斯大黎加、玻利維亞、尼加拉瓜、海地、古巴、烏拉圭、委內瑞拉……
- 非洲—南非聯邦、埃及、蘇丹……
- 澳洲—澳大利亞、紐西蘭……

諾言規

「統計——一百二十九個國家或地區（如香港），一千八百多萬童子軍。（女童軍人數不計在內）」

諾言

我願意參加中國童子軍，遵守童子軍規律。終身奉行下列三事：

第一 敬天樂群做一個堂堂正正的中國人。

第二 隨時隨地扶助他人，服務社會。

第三 力求自己智識、品德、體格之健全。

1 誠實 為人之道，首在誠實。無論做事、說話、居心，均須真實不欺。

2 忠孝 對國家須盡忠，對父母應盡孝。

3 助人 盡己之力，扶助他人。每日至少行一善事，不受酬、不居功。

4 仁愛 待朋友須親愛，待眾人須和善，對生命要尊重，對社會要關心，對大自然要維護。

律銘言

規律

5 禮節　對人須有禮貌。凡應對進退，均應合乎規矩。

6 公平　明事理，辨是非。待人公正，處事和平。

7 負責　信守承諾，克盡職責，遵守團體紀律，服從國家法令。

8 快樂　心常愉快，時露笑容，無論遇何困難，均應處之泰然。

9 勤儉　好學力行，刻苦耐勞，不浪費時間，不妄用金錢。

10 勇敢　義所當為，毅然為之，不為利誘，不為威屈，成敗在所不計。

11 整潔　身體、服裝、住所、用具須整齊清潔，言語須謹慎，心地須光明。

12 公德　愛惜公物，重視環保，勿因個人便利，妨害公眾。

銘言

「準備」

「日行一善」

「人生以服務為目的」

童子軍

童子軍徽的含義

1. 童子軍徽是童子軍運動的標誌，它原是一支航針。指示童子軍朝著正確的方向，努力向上、向前、向善。兩旁傾斜，表示障礙和錯誤，兩顆明星，表示童子軍的一雙明眼，要時時留心觀察。
2. 童子軍徽的外形又像一朵象徵純潔與和平的百合花，花的三瓣，代表三條誓詞，中間放上靑天白日國徽，表明我們是中國童子軍。
3. 童子軍徽的下面又有一條笑口形的捲帶，兩角向上表示童子軍是快樂的，上有智仁勇三字，意思是童子軍應有「智慧」「仁俠」和「勇敢」的精神，捲帶下的繩結，表示日行一善。

中國童子軍徽

表明資格的徽章

- **初級章**：織錦，徽為航針（即童子軍徽上半部）。初級考驗合格，經宣誓授銜為童子軍後佩帶。
- **中級章**：織錦，徽為捲帶（即童子軍徽下半部）。初級童子軍經中級考驗合格後，由地方童子軍會核定頒發佩帶。
- **高級章**：織錦，徽為航針與捲帶連在一起。中級童子軍經高級考驗合格後，由地方童子軍會核定頒發佩帶。

徽章

獅級章

銅質，獅頭圖案。凡高級童子軍合格，年滿十四歲至十八歲，參加一年以上獅級進程活動，經縣市童子軍考驗合格者，由縣市童子軍會頒授。

長城級章

銅質，長城圖案，凡獅級童子軍參加八個月以上長城級進程訓練營或省市童子軍會考驗營、縣市童子軍會考驗合格，由省市童子軍會頒授。

國花級章

銅質，梅花圖案，凡長城級童子軍參加國花級進程訓練，經縣市童子軍會或省童子軍會或總會考驗營考驗合格，由總會頒授。

專科章

布質，上繡專科圖形（八十六種），中級以上童子軍每考驗合格一種，由地方童子軍會核定頒發佩帶。

（行義童子軍尚有百里、千里、萬里等服務章）

年星

銅質，一年星綠地銀星、五年星紅地銀星、十年星金地金星。按服務年資佩帶。

仁愛榮譽章

曾冒極大生命危險救活他人性命；或有學術上發明者；或對童子軍有特殊貢獻者；經榮譽裁判庭評定頒發仁愛榮譽章。

表明榮譽的徽章

精忠榮譽章

為國服務曾冒極大生命危險，或忍受極大艱苦，因而增進國家聲譽或發揚國家正氣者；經榮譽裁判庭評定頒發精忠榮譽章。

義勇榮譽章

發揚童子軍精神，見義勇為，為國家社會服務有特殊事跡為人欽佩者，經榮譽裁判庭評定頒發義勇榮譽章。

服務榮譽章

服務童子軍事業連續三十年以上成績卓著者；或著述有關童子軍書籍十種以上，或翻譯二十種以上，對學術有貢獻者；或捐助產物促進童子軍事業發展者；經榮譽裁判庭評定頒發服務榮譽章。

優秀童子軍獎章

凡符合優秀童子軍膺選資格之童子軍，經各團初選，縣市童子軍核定，每年童軍節由地方童子軍會頒授。

新生活獎章

凡實踐禮、義、廉、恥新生活復興中華文化運動之童子軍，經各團核定，團長頒發。

- **勞績章**：凡熱心義務服務之服務員，對童子軍事業之貢獻頒贈勞績章，共分四種顏色，區分服務工作之性質，分別由團、地方童子軍會、省童子軍會、總會頒授之。
- **工作獎章**：凡特殊服務，其工作成績優異，對童子軍事業之發展具有決定性或深遠影響之義務服務員由總會頒授之。
- **團績優獎章**：凡團領導人員對團務工作績效優良者頒給青松、翠竹、臘梅獎章，以現任團內工作人員為限。分別由地方、省、總會頒獎之。
- **國際事務勞績章**：酬庸對我國童子軍運動有所貢獻之國際人士，分綠玉國花、綠玉長城、綠玉雄獅三種勞績章由總會頒發之。

其他

- 表明隸籍的會籍章、團次肩章、小隊章；表明職位的隊長章、幹事章，以及
- 各級領導人員等徽章，均見後圖。

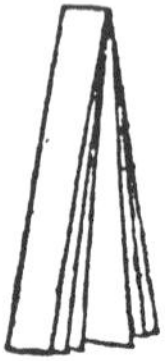

小隊章

團次肩章

會籍章

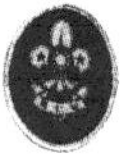

高級章

中級章

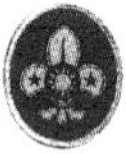

初級章

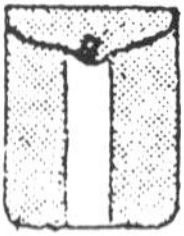

副隊長

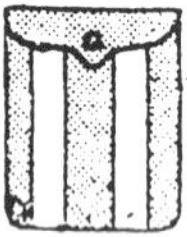

小隊長

隊長章為白色聯隊長用金黃色兩條

國花徽章

長城徽章

獅級徽章

專科章

萬里服務章

千里服務章

百里服務章

年星

傳訊幹事

保管幹事

事務幹事

財務幹事

文書幹事

團長

副團長

教練

團領導人員用藍地銀條
縣(市)童子軍會職員用橙地銀條
省(市)童子軍會職員用深綠地金條
總會職員用紫地金條
（職位以條數表別，佩
於左袋口上年星下。）

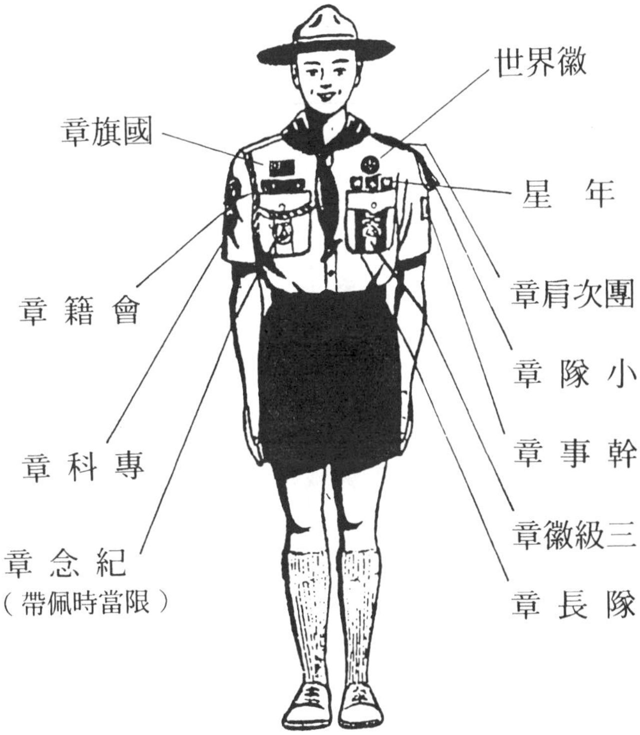

（代表參加國際活動時在右胸口袋上加佩國旗章）

童子軍

服制的榮譽

1代表童子軍高尚德性的外表。
2民主精神的象徵。
3四海一家的精神。
4服務助人的標誌。

服制的樣式

帽

濶平邊、黃褐色呢帽或布帽，頂摺成三凹或四凹。
船形帽可作便帽，改用藏青色。穿長褲（黃褐色）戴黃褐色船形帽。

領巾

布質三角巾。圍於頸上，打結或用領巾圈（自製）扣住。領巾顏色
代表團的標誌，俾便同地各團易於識別。

上衣

襯衫式。長袖或短袖，兩胸袋特大有蓋，黃褐色布或毛質，如為長
袖平時宜捲起，天氣寒冷時放下，並可外加茄克。
行義童軍上衣灰色，式樣相同。

短褲

褲長離膝蓋約一公寸半，藏青色布或毛質，褲管寬大通氣，天氣極
冷不耐寒時，可改穿黃褐色長褲。

的制服

腰帶

皮或紗質，顏色與褲配合，前扣有童子軍徽，兩旁可加掛物安全鈎，左鈎萬用繩，右鈎童軍刀。

鞋襪

- 襪用反口長統，草綠色或黃褐色。
- 鞋宜用短統深色，質料不拘。

怎樣穿著

1 初級考驗合格，經宣誓授銜為童子軍後，纔有取得穿著童子軍制服的資格和權利。

2 童子軍制服應於童子軍集會活動時始穿著，平時不宜作為常服。

3 童子軍制服大小須合身；並隨時注意保持整潔、光彩，令人尊敬。

4 童子軍制服上，應佩帶規定的和應得的童子軍徽章。凡非屬規定，並與童子軍無關的一切徽號不宜佩帶；關於童子軍紀念性的徽章，如已失時效，毋須佩帶。

5 穿著制服時，應實踐童子軍誓詞，遵守規律，牢記銘言，表現童子軍的良好精神。

童子軍

三指記號

意義

1. 這是國際童子軍共通的符號，童子軍團體特有的禮節。
2. 表示童子軍是隨時隨地實行他的諾言——三條誓詞的。

作法

1. 食指、中指、無名指三指並列伸直。
2. 拇指按住小指，屈於掌中。

各種禮節

徒手禮

對人表示敬意時，右手握成三指記號，舉手行禮。戴帽時，指尖與帽邊齊，不戴帽時，指端與眉齊。

握手禮

童子軍與童子軍相見表示親愛時，反用左手互握。

執棍禮

如童子軍右手執棍時行禮，可用左手三指記號，將小臂橫置胸前，掌心向下，食指靠棍行之。行進時，棍略提高，動作同前。（托棍必在整隊進行中，概行注目禮。）

握手禮

徒手禮

三指記號

禮節

注目禮

整隊行進時行禮，概行注目禮。由領隊發敬禮口令，全體聽令向左或向右看，注視受禮人行注目禮。如兩隊相遇，約相距六步時發口令，領隊與領隊則相互行徒手禮。

執棍禮

注意要點

1童子軍行禮時須面露笑容（規律第八條），充分表示善意和敬意。

2童子軍行禮一律平等，沒有階級之分，誰先看見誰先行禮。在行進時，亦可不必立定。

3路上遇見身穿童子軍制服者，不論其國籍或相識與否，均須行禮，以示童子軍兄弟情誼。

4童子軍應有尊重長者的良好風氣，無論行走或座位，均須按照童子軍年齡（以年星多寡為標準），使長幼有序。

5童子軍穿著制服參加其他集會時禮節，應隨著司儀人的指示行禮。

小隊

小隊

組織

1. 小隊是童子軍組織的基本單位，是童子軍團組織的基礎。
2. 小隊是純兒童結合的團體，由隊員六人至八人自由組成。
3. 小隊內設小隊長一人、副隊長一人，由隊員自行推舉。
4. 小隊內必須分工合作，大家同心協力，要有「安危互仗，甘苦共嘗」的精神。
5. 小隊能健全，童子軍團才能達到健全的境地。

精神建立

- 小隊命名：由小隊自己決定隊名，例如有用野獸為名、有用禽鳥為名、有用偉人為名、有用格言為名、有用高山大川為名……並用討論決定。
- 隊徽：用簡易明顯美觀的圖案，作本小隊的隊徽，並自製小隊旗。
- 隊聲：依據隊名，制定隊聲，作本隊集合及野外聯絡時的呼聲。
- 小隊歡呼：創制小隊歡呼一種，使小隊精神愈益興奮。

活動

- 集會：小隊集會，每週一次，學習童子軍智能，計議童子軍活動，練習童子軍歌唱歡呼及遊戲，促進小隊的進步。
- 活動：在小隊集會中共同商討決定，利用餘閒及假日作各種有益身心的活動。

團　和

團

組織
1. 團由二小隊至四小隊合組而成。
2. 團的首腦機構是團務委員會，由熱心童子軍事業者若干人組成。
3. 團務委員會下遴聘團長一人，副團長和教練若干人，由有專門經驗的童子軍服務員擔任。
4. 團長之下設聯隊長一人，由資歷較深的童子軍擔任。
5. 團內視事務繁簡，酌設文書、財務、事務、保管、傳訊等股幹事。

職務分掌
- 團務委員—主辦人為主任委員，綜理一切團務；團務委員輔助團長，辦理團務。
- 團　長—團長主持團行政及訓練事務。
- 副團長—襄助團長處理團務。
- 教　練—襄助團長分負訓練工作。
- 聯隊長—領導各小隊聯合活動，並主持隊長會議。
- 小隊長—領導本小隊集會及活動，指導隊員學習童子軍課程。
- 副隊長—協助小隊長領導本小隊活動。

活動
- 集　會—團集會每週或隔週舉行一次。
- 活　動—團旅行或露營經常定期舉行。

織組團軍子童

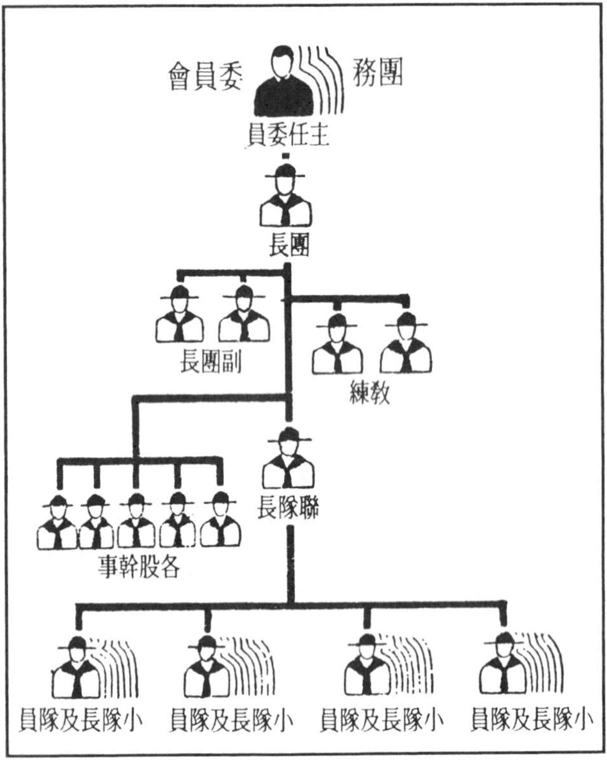

歷史

1 國父孫中山先生目擊滿清專制，政治黑暗，民不聊生，乃聯合同志，組織會黨，舉旗起義，實行革命。

2 民元前十七年第一次革命，起義於廣州，即用青天白日作革命標幟，揭示「光明正照」「自由平等」之義，青天白日旗是 國父指示陸皓東先烈所設計，陸烈士是身殉此旗的第一人，嗣後歷次革命都用此旗來作號召。

3 民元前六年，同盟會開會議製國旗， 國父即以此旗取義正大，並以中國為遠東大國，日出東方，為恆星之最著者，白日示光明，十二光芒，暗合十二時辰，示自強不息，光芒尖鋒，示革命銳進，又以先烈們為此旗流血奮鬥，遂創定青天白日滿地紅為中華民國國旗。

中華民國國旗

4 民元前一年十月十日武昌起義，推翻滿清，建立民國，其時因惡勢力尚未盡除，致使此旗改作海軍旗，而另製紅黃藍白黑五色旗為國旗。

5 直至民國十三年 國父督師北伐時，中央才正式明令公佈此旗為國旗，至民國十七年 蔣總統繼續完成國民革命後，此旗乃飄揚全國各地。

國

含義

青天

青的顏色是表示光明燦爛的青天，是指示我們中國國民要有磊落光明、崇高偉大的人格和志氣；青色象徵自由，同時也是代表民族主義。

白日

白的顏色是表示光明坦白無私的白日，是指示我們中國國民要有光明潔白毫無汚點的革命心地和思想；白色象徵平等，同時也是代表民權主義。

滿地紅

紅的顏色是表示我們的國家乃由無數革命先烈的熱血所染成，指示我們中國國民要有熱烈犧牲奮鬥的精神；紅色象徵博愛，同時也是代表民生主義。

尺度

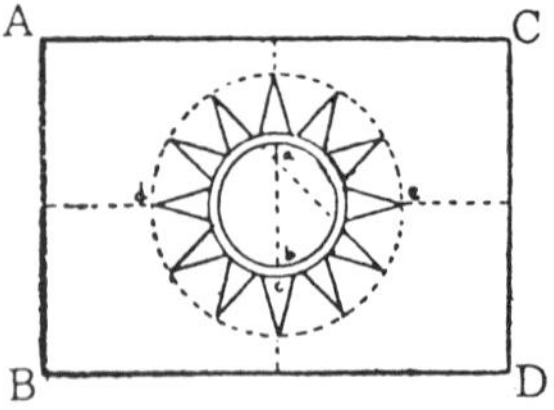

ＡＣ＝1／2旗長

ＡＢ＝1／2旗寬

ａｂ＝3／8ＡＢ

ｂｃ＝1／15ａｂ

ｄｅ＝1／2ＡＣ

十二等角各為30°

（青天白日在旗上右上方，佔全旗四分之一。）

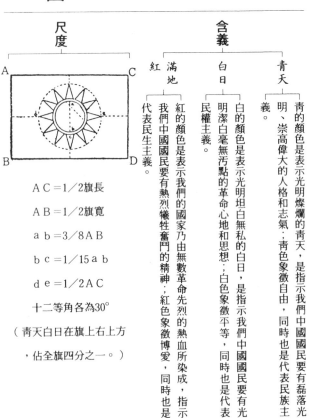

旗

使用

升降法

滿旗—俗稱全旗，國旗自杆下冉冉上升至杆頂，以示慶祝。降旗時須徐徐下降。

滿旗

半旗—國旗升至杆頂後，再下降約旗身橫長二分之一，表示哀悼。降旗時，旗仍須回升至杆頂，然後下降。

半旗

懸掛法

壁上—橫掛或豎掛，青天白日國徽均應居旗之右上角。（國父遺像可懸於國旗之下）

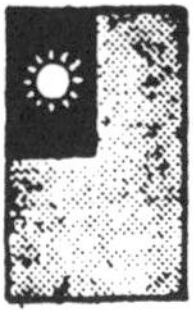

豎掛

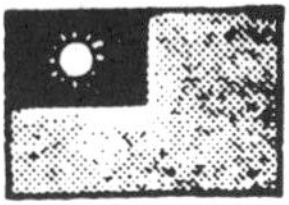

橫掛

門口—國旗應懸在門前右上方，旗杆與門楣成三十度至四十度的角度。哀悼日，旗頂下加黑紗二條結成一花結以示誌哀。

通衢—國旗上國徽應在東上方或北上方。

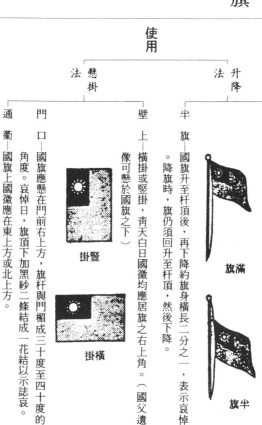

摺疊法

先將國旗摺成四疊，國徽不使外露，再視國旗大小再數摺成長條，然後捲成筒狀，用繩縛好。

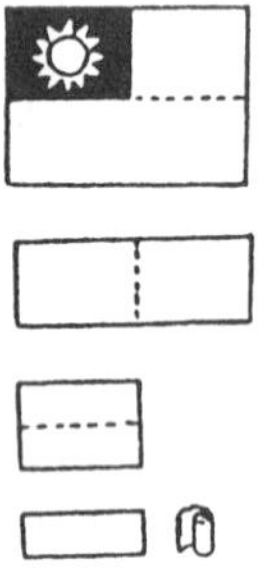

尊敬

1 國旗的尺度、顏色須正確，杆塗白色，上配金黃色球頂，一切符合規定。

2 升旗在日出後，降旗在日落前，遇氣候欠佳時，應即停止。

3 對國旗行禮應莊重，注視國旗的上下。即途遇國旗升降，亦應就地立正致敬。

4 國旗和其他旗幟並用時，國旗應居右或居中，或居前領導。執國旗者遇有人向旗行禮，應將國旗直立不動，毋須還禮。

5 國旗是代表國家極神聖極尊嚴的，切勿使國旗倒置（國旗倒懸乃係表示國家危急求援的信號），或觸及地面，並不作無意義的佈置，如有人侮辱國旗，應即視同敵人對付之。對於外國國旗亦應表示尊敬（邦交已斷之敵國除外）。

國旗繪製法

(1)畫一長方形，長與寬的比是3：2。

(2)把對邊的中點連起來，將其平分為四等分。

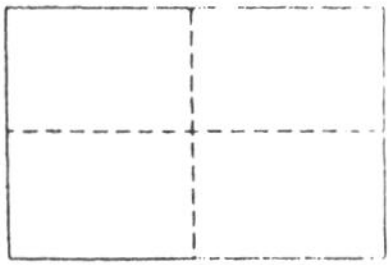

(3)左上角為「青天白日徽」，其餘是「滿地紅」部分。

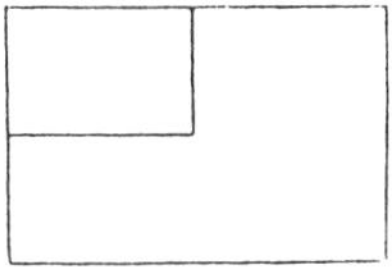

(4)白日圓心○就是青天白日徽縱、橫平分線的交點。

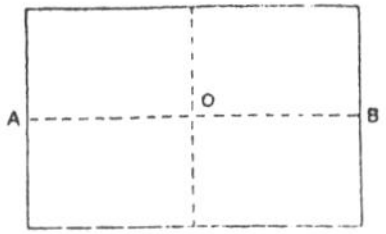

(5)以「青天白日徽」長的1/8為半徑畫一小圓，即為白日。

•（CO＝1/8AB）

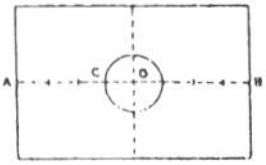

(6)白日的中心為圓心，以白日的半徑加上白日直徑的1/15為半徑，畫一中圓，就是白日圈外的青圈。

•（EO＝CO＋1/15CD）

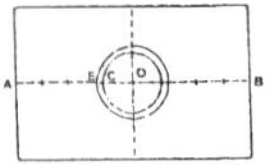

⑦以白日中心為圓心，「青天白日徽」長的1/ 4為半徑，畫一大圓，即是12道光芒的頂點圓周。

•（FO＝1/ 4AB）

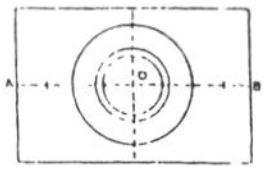

(8)以大圓和青天白日徽的縱橫平分線的四個交點為中心，以「青天白日徽」長的1/ 4為半徑，在4個交點上畫4個圓弧和大圓相交成8個交點，加上原來4個交點，就是12道光芒的頂點。

•（各以F、G、H、I點為中心，FO為半徑畫弧，得J、K、L、M、N、P、Q、R等八點）

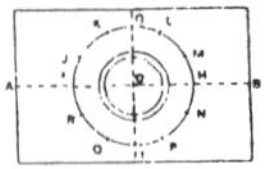

(9)在大圓周上每點向左右各取第五點連接起來，即得12道光芒角。

•（連接FM、FN、JH、JP、KI、KN、GQ、GP、LR、LI、MQ、HR即是十二道光芒角，但十二道光芒間不相連）

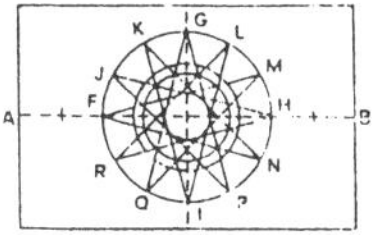

(10)留下白日及十二道光芒部分，其餘塗上藍色即為「青天白日徽」。

(11)「青天白日徽」加上「滿地紅」即成為漂亮的國旗了。

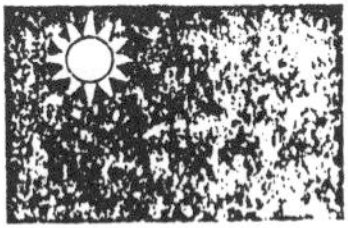

操

要旨

- 養成童子軍正確而優美的姿勢，敏捷而有秩序的行動。
- 整齊而協調的步伐，耐勞而堅忍的精神。

基本動作

- 集合……口令：一列橫隊集合！
- 立正……口令：立正——！
- 稍息……口令：稍息！
- 看齊……口令：1向右（左）看—齊！2向前—看！
- 報數……口令：報數！
- 轉法
  - 向右（左）轉……口令：向右（左）—轉！
  - 向後轉……口令：向後—轉！
- 行進及停止
  - 齊步……口令：齊步—走！
  - 跑步……口令：跑步—走！
  - 踏步……口令：踏步！
  - 立定……口令：立—定！
- 散隊……口令：解散！

法

小隊操法

行列變換

- 一（二）列橫隊變成二（一）列橫隊……口令：成二（一）列橫隊—走！
- 一（二）路縱隊變成二（一）路縱隊……口令：成二（一）路縱隊—走！

方向變換

- 橫隊變換方向……口令：右（左）轉彎—走！
- 縱隊變換方向……口令：左（右）轉彎—走！

隊形變換

- 橫隊變成縱隊……口令：向右（左）成縱隊—走！
- 縱隊變成橫隊……口令：向左（右）成橫隊—走！

持棍動作

- 托棍……口令：托—棍！
- 棍換肩……口令：棍換—肩！
- 棍放下……口令：棍放—下！
- 平棍……口令：平棍！

附註

手號操能培養機警敏捷和注意力集中，所以童子軍行動時，如能用手號則不用口令，手號姿勢見後圖。

小隊操法

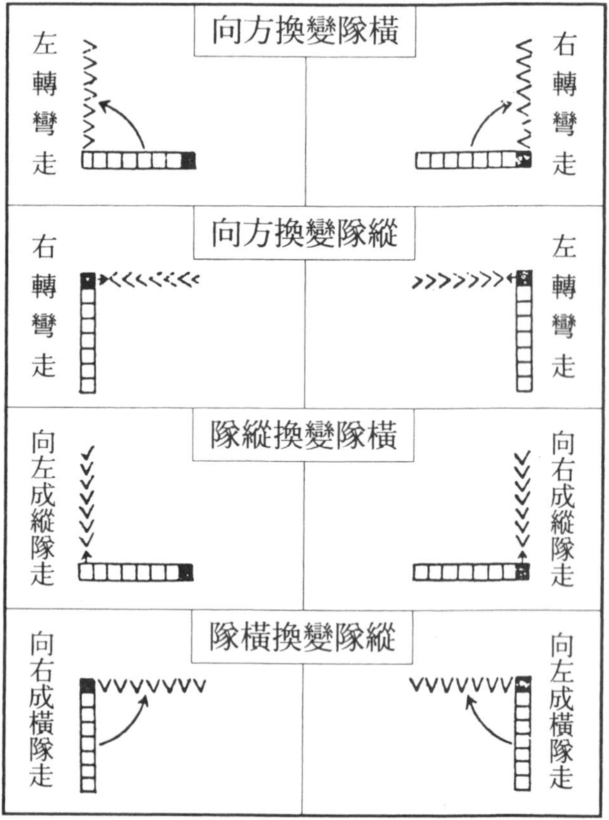
橫隊變換方向
左轉彎走
右轉彎走
縱隊變換方向
右轉彎走
左轉彎走
橫隊變換縱隊
向左成縱隊走
向右成縱隊走
縱隊變換橫隊
向右成橫隊走
向左成橫隊走

法　操　號　手

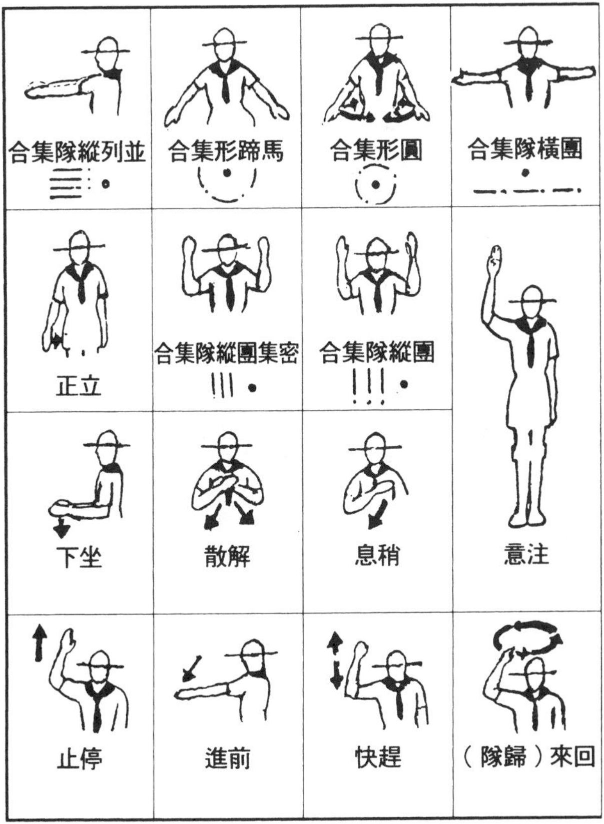
合集隊縱列並
合集形蹄馬
合集形圓
合集隊橫團
正立
合集隊縱團集密
合集隊縱團
意注
下坐
散解
息稍
止停
進前
快趕
（隊歸）來回

記號

效用

1 到野外去的指路牌。

2 可以擔任嚮導，使別人獲得安全。

通用記號

這是前進記號，表示可由此路前進。

這是止步記號，表示此路不通。

這是危險記號，表示注意此處危險。

這是藏信記號，按方框內數字，向箭頭所示方向前進若干步，藏有信件。

這是我已回記號，表示我已回去。

作法

1 可用粉筆畫成記號。

2 可用樹枝或石子疊成記號。（見後圖）

3 可用小刀在地上劃成記號。

4 作時可在記號下角繪一隊徽及號數，以示某隊某人所留。

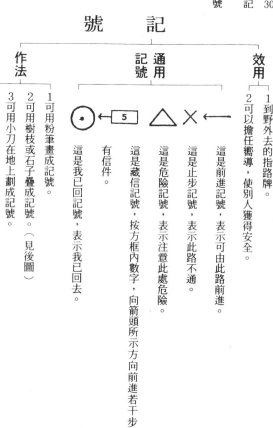

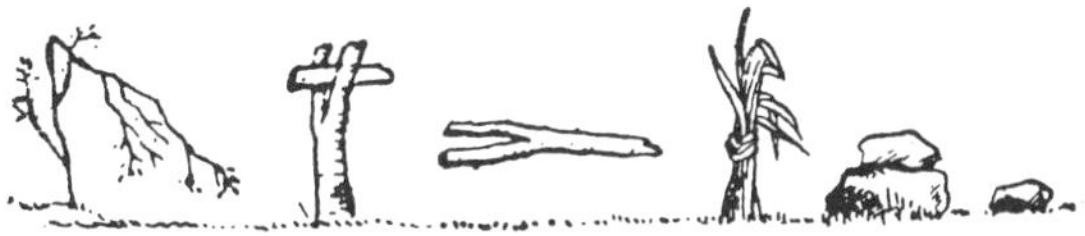

前進記號

止步記號

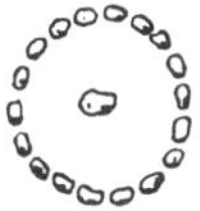

我已回記號

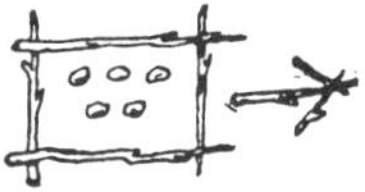

藏信記號

危險記號

一長聲	——	注意立正
二長聲	—— ——	預備稍息
三長聲	—— —— ——	危險求救
長聲連鳴	—— —— —— ——	展開埋伏
短聲連鳴	- - - - - - - - - - - - - - - -	歸隊集合
一短一長聲	- ——	開始出發
一長一短聲	—— -	完畢停止
二短一長聲	- - ——	召集聯隊長
三短一長聲	- - - ——	召集小隊長
三短二長聲	- - - —— ——	團長集合
短聲長聲連續間鳴	- —— - —— - ——	緊急告警

結

用途

1 日常生活上應用。

2 野外生活中必需。

繩頭結法

1 繩頭容易鬆散，應用細索如下圖方法縛緊之，可保永不散開。

2 臨時勿使繩頭鬆散，可用單結或8字結。

八種

平結

聯結兩繩或綑縛物件時用，結法如附圖。

接繩結

聯結粗細不同的兩繩時用，結法如附圖。

縮短結

使過長的繩縮短時用，結法如附圖。

雙套結

綑縛器具，木樁時用，結法如附圖。

(一)

(二)

(三)

單結

8字結

(一)

(二)

(一)

(二)

(一)

(二)

(一)

(二)

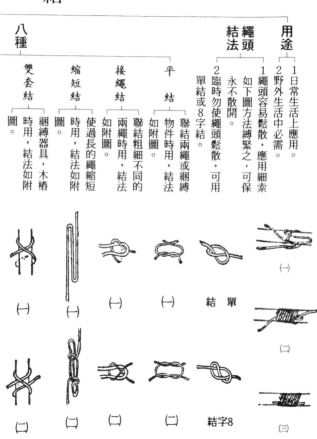

繩

繩結

雙半結

拖拉樹木或樁上縛物時用，結法如附圖。

(一)

(二)

稱人結

救人自高而下或平地拖曳時用，結法如附圖。

(一)

(二)

繫木結

此結爲繩棍建設營地用具時的基本用結，使繩緊縛於木棍上。結法如附圖。

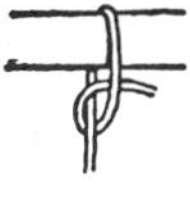

(一)

(二)

活索結

繫縛韁繩於木樁上時用此結，易結易解，如附圖。

繩的整理

1將繩平均摺成一束，長約手的一跨（約二公寸）。

2餘留繩一段，圍繞在外。

3後將繩頭套入一可拉動的繩圈內，拉緊即成。

(一)

(二)

(三)

衛

目的

1. 養成良好習慣。
2. 注重個人衛生。
3. 測量脈膊、體溫。
4. 說明生病、受傷的身體變化。

個人衛生習慣

1. 每天早晚要刷牙一次。
2. 每天除正餐及水果外，不吃零食，並且食用時要細嚼。
3. 每天要在戶外運動或遊戲至少一小時。
4. 每天要多喝煮開的水，喝水時不用他人喝過的茶杯。
5. 每天要保持身體衣服的清潔，及生活環境的整潔。
6. 每天要帶乾淨手帕，在咳嗽噴嚏時，用手帕掩住口鼻。
7. 不隨地吐痰。
8. 隨時注意眼睛的衛生，不用手或公共的手巾擦眼。
9. 坐、立、行的姿勢，要自然而有精神。
10. 每天要大便，最好有一定的時間，大小便後要洗手。
11. 要時常沐浴、理髮及修剪指甲。
12. 每晚要睡足八小時，寢室內空氣要流通。

脈搏與

脈搏由心臟的收縮形成，脈搏的跳動和心臟的強弱相關，心臟是否障礙，測量脈搏即可分曉。健康的人，每分鐘內跳動七〇至八〇次

生

測量脈搏

- **心臟**：，少年則爲八〇至九〇次。
- **測量脈搏**：
  - 讓病人躺下，將右手食指、中指、無名指併列，用指尖按搭病人的腕關節上方外側，另一手執計時器，測一分鐘內腕搏跳動的次數，連續測五次，核算平均數較準確。
  - 如果脈搏很弱不易測知，應立即送醫診治，如腕脈搏衰弱，可改在頸動脈探測，或用聽筒助聽。

體溫

- 用體溫計測量體溫才會正確。如果沒有體溫計用手掌靠近皮膚接觸患者也可知道發燒的現象，但不甚準確。
- 正常健康的體溫在攝氏三六・二度至三七度之間。
- 體溫高度超過三七度或四〇度、低於三六度都是生病的現象。

體溫測量方法

- **口腔測量法**：
  - 體溫計放入病人舌底，測量時間爲半分鐘至五分鐘，一般以三分鐘為宜。
- **肛門測量法**：
  - 兒童不宜口腔測量，用體溫計插入肛門測量，比口腔體溫增高三四分。三七・四以下不算發燒。

腋下測量法
- 不宜用口腔測量的成人，可採用腋體溫測量。如有流汗，應先擦乾再測。

生病的身體變化

1. 氣色
   - 暈絕時面青唇白，也有面色呈紅色者。
   - 貧血者面色土黃而憔悴。
   - 腦貧血者面青白。腦充血者面色潮紅。
2. 五官
   - 眼最易表露病態，如畏光、昏眩、瞳孔放大或縮小。
   - 耳重聽則病。
   - 舌和鼻不辨甘苦、香臭，有時病中五官神經感覺格外敏銳。
3. 舌頭
   - 健康者紅潤，接觸略感疼痛，病人舌頭生苔或乾燥，苔色或黃或白，或白中帶灰。
4. 聲音——聲音重濁或沙啞，有時痛苦呼號呻吟。
5. 口臭——口臭消化不良，口腔病變等原因。
6. 睡眠——病人酣睡不易喚醒，或不易入睡，或皆夢囈語。
7. 神志——病人神志不清或暴燥發怒，或神志恍惚或抑鬱悲傷。

急救要領

旨趣

初級救護，學習輕微創傷的處置，是自助助人的初步智能。

傷口清潔

藥物消毒

理由—防止細菌侵入體內，以免傷處發炎潰爛。

藥物—如碘酒、碘液（普威隆碘液）、酒精、紅汞水、雙氧水……等均可。

清潔方法

1如傷口染有污泥、砂石、玻璃碎片……等物，應先設法取出。

2用潔淨的藥棉蘸藥，自傷口患處由內而外遍擦一回，然後敷藥，上放消毒紗布一方，末後用橡皮膠布黏住，或用繃帶包紮。

繃帶應用

繃帶製法

可用潔淨白色紗布或細布，撕成狹長布條，捲成一軸而成。

繃帶用法

1須視傷處位置，應用繃帶圍繞之，務使平服穩貼，不過鬆或過緊，用以保護傷口和縛住藥物，包紮後應用平結作結。

2如傷處部位大小不等時，繃帶應反覆圍繞，如在曲折處，則應用8字形圍繞。

注意事項

1未經消毒的的手指或用具，不可觸及傷口。

2救護時，手術須敏捷而溫和。

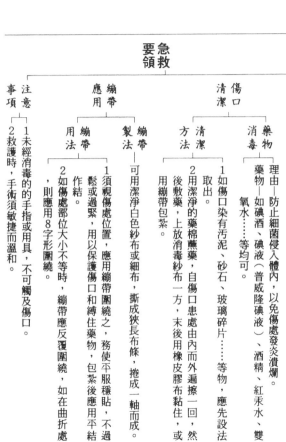

傷口的處理

手部的包紮

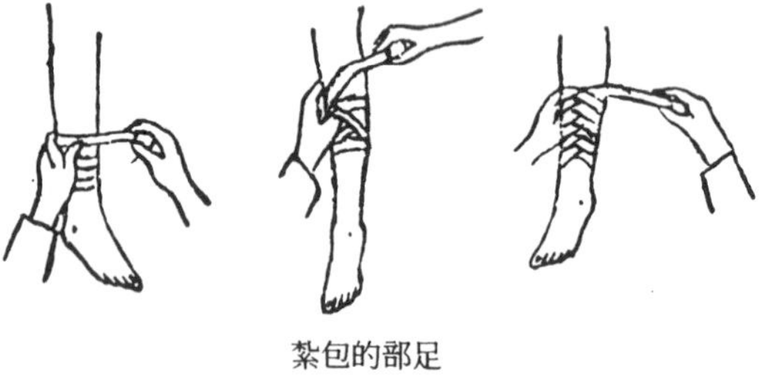

足部的包紮

肌肉抽筋自救法

原因

1未作熱身運動，忽然進入冷水中，使身體體溫驟然下降，導致腿部肌肉抽縮即是抽筋。

2因足部運動過度而疲勞或日常偏食煩燥而有抽筋現象，抽筋是非常痛苦的事。

自救方法

1從水中上岸，採取坐姿把腿伸直，用雙手抓住腳姆趾，用力反曲牽拉，然後用溫熱的濕布按摩患部肌肉。

2在深水中來不及上岸時，改採仰泳、蹬腿、拗腳掌、深呼吸等，勿恐慌。

3用紙袋罩住口鼻呼吸，有時需要憋一下再呼吸。

香菸的成分和

每支香菸經過燃燒可產生四千餘種化合物，其中部份散播於空氣中。部份被吸入肺部組織內，這些化合物可分為四大類：

(一)尼古丁：0.5～2.7毫克／支（依香菸品牌而異）。

尼古丁具有中樞神經興奮、提神的作用，也是造成香菸成癮的主要物質。癮君子為了獲得尼古丁，伴隨吸入了更多毒害物質及引致細胞病變的致癌物，另外尼古丁會增快心跳速率，提高血壓及引起末梢血管的收縮，長期易致心臟血管疾病。

(二)焦油：6.5～29毫克／支（依香菸品牌而異）。

吸菸的危害及戒菸的方法

吸菸害處知多少

焦油、刺激物質是慢性支氣管炎、肺氣腫等慢性阻塞性肺疾病及各種癌症的元兇。這些物質均非我們所必需，且時時危害癮君子及二手菸吸入者的健康。

(三)一氧化碳：400PPM（PPM為濃度單位，百萬分之一）。一氧化碳會阻礙正常氧氣和血紅素的結合，造成體內缺氧，嚴重時甚至死亡。

(四)其他化學成分：包括有數十種刺激物質及四十種以上的致癌物。另外吸菸亦常引起火災（占台灣地區火災原因第二位）、灼傷（特別是對小孩子）、中毒（特別是對小孩子）。

二手菸的危害有多少

香菸燃燒過程可產生二類煙流：

(一)主流菸煙：吸入過程產生的煙，由於空氣供應充足，燃燒完全，溫度可達950℃。

(二)側流菸煙：靜置燃燒產生的煙，燃燒不完全，溫度僅達350℃。由化學分析得知，側流菸煙由於不完全燃燒，故產生較多有害氣體及致癌物質。二手菸主要是由側流菸煙加上部份主流菸煙所組成，這就是二手菸為何更毒的原因。為了自己健康請儘早戒菸，為了週遭親友，請勿製造二手菸。

戒菸的妙方

㈠公開宣稱戒菸決定，並呼籲親友的支持，拜訪請教戒菸成功的人。
㈡除去會引起吸菸慾望的物品。例如：菸灰缸、打火機等。
㈢打破固定吸菸的習慣。例如：不要在起床時或飯後吸菸，可到戶外散步，做深呼吸或活動筋骨。
㈣多喝水、多洗澡，飯後刷牙漱口，穿乾淨無菸味的衣服。
㈤用筆取代手持香菸，或以咬蔬菜切條（芹菜、胡蘿蔔）取代嘴中含菸的習慣。
㈥生活力求規律，減少緊張，勿使自己太忙，太勞累，避免製造吸菸提神的理由。
㈦避開會吸菸的場所。例如：儘量減少到PUB、舞廳、酒吧或卡拉OK店。
㈧參加戒菸班或戒菸門診，尋求可在戒菸過程獲得支持或協助。
㈨戒菸後會產生一些戒斷症候群，如頭暈、頭痛、失眠、便秘、胸口悶、咳嗽、情緒不安、注意力不集中等種種之不適，這些症狀時好時壞，因人而異，它們代表身體正由菸害中復原，只要放鬆心情，堅定意志，利用種種戒菸要領，通常數週內可恢復正常。

檳榔危害健康

檳榔的成分

一般所謂的檳榔，其嚼塊是以檳榔果為主要成分，並以荖葉、荖花或荖藤和石灰作為配料。有些還會加柑仔蜜、荳蔻、茴香、橘皮、玉桂、蜂蜜、高粱酒、糖、鹽等或其他佐料，調配出不同的口味。

檳榔果俗稱「菁仔」，其成分中的「檳榔素」及「檳榔鹼」均具有致癌性。其添加的「荖花」同樣具有致癌性。

檳榔對健康的危害

嚼檳榔，除了使牙齒變黑、磨損、動搖、牙齦萎縮造成牙周病，還會誘發癌症前期的病變，包括：

口腔黏膜下纖維化症：

口腔黏膜下纖維化常在不知不覺中發生，有些病例早期並無明顯症狀，但一般早期常見的症狀為口腔黏膜有燒灼的感覺，對冷、熱及刺激性食物極度敏感，口腔黏膜，尤其是局部黏膜可能出現水泡。水泡破裂後發生潰瘍、口腔炎、黏膜局部變白及味覺障礙等：至後期，口腔上皮變薄、黏膜下層纖維化、變硬、失去彈性，使人張口及吞嚥皆發生困難。口腔黏膜下纖維化患者幾乎都有嚼食檳榔的習慣，患者如不停止嚼食檳榔，其中有些會轉化成口腔癌。

放鬆心情—舒舒服服洗個澡，勝過一包檳榔咬。

檳榔癮來深呼吸，打消念頭有勇氣。

如何戒除

如何戒除檳榔

規律生活—均衡飲食營養好，不必檳榔來咀嚼。充足睡眠精神好，不必檳榔提神了。

提昇形象—嚼食檳榔礙觀瞻，不吃不吐人稱讚。刷牙漱口去味道，口氣清香最討好。

遠離誘惑—應酬檳榔少不了，不吃也就沒煩惱。出門別看檳榔攤，眼不見來心不煩。

尋求替代—天冷禦寒加衣裳，何必檳榔來保暖。想要動口嚼檳榔，何妨來片口香糖。

增強意願—檳榔價高耗費大，省錢購物當犒賞。宣導小册折疊卡，仔細研讀助益大。

口腔黏膜白斑症

白斑症可發生於口腔內任何部位，但最常見發生於頰黏膜、舌、口底部及嘴角處，其症狀為局部口腔黏膜變白變厚，且範圍逐漸擴大而成為白色斑塊。隨後可能表面出現細小手指狀，甚至菜花狀突起，而有粗糙的感覺。白斑症患者中切片標本有百分之十七會出現局部上皮變異或癌症。

據調查，百分之八十八的口腔癌患者都有嚼檳榔的習慣。此外，嚼檳榔又吸菸者已證實會導致口腔癌、咽癌、喉癌和食道癌。

生

空氣河川污染對生態的影響

生態保育

1 由於自然科學的發達，人類物質生活提升，造成宇宙的污染，降低人類生活品質對健康生命構成嚴重威脅，對大自然生態失去平衡。

2 民國七十六年八月二十二日，行政院成立環境保護局，其目標：

(1)保護自然環境，維護生態平衡，以求世代永續利用。

(2)追求合於國民健康、安定、舒適之環境品質，維持國民生存及生活環境，免於受公害之侵害。

空氣污染

1 燃燒廢料　2 工廠排放廢氣　3 汽機車排放廢氣。

廢氣所產生的二氧化碳、一氧化碳、二氧化硫及其他有毒氣體，不僅有害人類健康，並造成大氣層溫室效應，使地球溫度上升，發生「酸雨」侵蝕建築物，污染土壤，摧毀森林，改變水質，以致南極臭氧層破洞日漸擴大。

河川污染

1工業廢水：未經處理的廢水，不僅惡臭且含毒素，排放河川內。

2家庭廢水：廚房污水、化糞池污水、洗衣粉、清潔劑、殺蟲劑等污水未經處理排放溝渠，流向河川。

3畜牧廢水：養豬戶排放糞尿，養鴨人家排放鴨糞，流入河川。

4垃圾、肥料、農藥等經水溶解滲入地下水或流入河川而污染，影響水質。

土壤污染

農民大量使用農藥及化學把料，造成土壤污染。

垃圾及化學製品造成汞污染、鉛污染、鎘污染、鉀污染等使土地變質惡化，造成農作物含有危害生命的有毒礦物質，食用後產生嚴重後果。

宣誓典禮

誓宣

先決條件

1須年滿十一歲或十二歲。
2自願參加，並得家長的同意。
3初級訓練合格，經團長的許可接納。

加入童子軍的手續

1向當地中國童子軍會申請童子軍登記。
2由團長定期舉行宣誓授銜儀式，並請資深老童子軍證誓。
3證誓人面詢宣誓人，是否自動決心加入童子軍，以及有關初級童子軍各種常識問題後，隨即令宣誓人舉起右手，上臂向右平舉，小臂向上，握成三指記號，舉行宣誓。
4宣誓後，證誓人發給童子軍證及徽章，團長將領巾在宣誓人的頸上佩好，即用左握歡迎入團。小隊長又替他佩起小隊章，歡迎加入小隊。

權利和義務

1未經宣誓的，尚在童子軍集團的緣外，宣誓授銜後，即被承認是「童子軍運動」中的一員。
2宣誓之後，纔有資格穿著童子軍制服，佩帶童子軍徽章，正式參與童子軍各種活動。
3宣誓後的童子軍，應終身篤行諾言、規律，維護童子軍的榮譽，並有「一日童子軍，一世童子軍」的精神。

世界童子軍

公元	民國	大事紀要	附註
一八五七年	民前五五年	童子軍創始人貝登堡氏二月二十二日誕生於英國倫敦。	
一九〇七年	民前五年	貝氏召集兒童二十人暑期在英國南部白浪島港灣創辦童子軍	貝氏時年五十歲
一九〇八年	民前四年	童子警探一書出版。	
一九〇九年	民前三年	海童軍創立。	
一九一〇年	民前二年	女童軍創立。 貝氏辭去軍職專心致力童子軍運動。	
一九一六年	民國五年	幼童軍創立。	
一九一八年	民國七年	羅浮童子軍創立。	
一九二〇年	民國九年	在英倫舉行第一次世界童子軍大露營。 國際童子軍聯盟成立，貝氏被公推為世界童子軍領袖。	我國留英華僑參加
一九二四年	民國十三年	第二次世界大露營在丹麥舉行	
一九二五年	民國十四年	特種童子軍創立。	我國派員參加身體有缺陷的童子軍訓練
一九二九年	民國十八年	第三次世界童子軍大露營在英國舉行。	

貝登堡爵士

大事紀要

一九三三年	民國二十二年	第四次世界童子軍大露營在匈牙利舉行。	
一九三七年	民國二十六年	第五次世界童子軍大露營在荷蘭舉行。	我國派員參加
一九三八年	民國二十七年	行義童子軍創立。	
一九四一年	民國三十年	貝氏於一月九日逝世於南非乾雅、空童軍創立。	貝氏享壽八十四歲
一九四七年	民國三十六年	第六次世界童子軍大露營在法國舉行。	
一九五一年	民國四十年	第七次世界童子軍大露營在奧地利舉行。	
一九五五年	民國四十四年	第八次世界童子軍大露營於加拿大舉行。	
一九五七年	民國四十六年	第九次世界童子軍大露營於英國舉行。	
一九五九年	民國四十八年	第十次世界童子軍大露營於非律賓舉行。	
一九六三年	民國五十二年	第十一次世界童子軍大露營於希臘舉行。	
一九六七年	民國五十六年	第十二次世界童子軍大露營於美國舉行。	
一九七一年	民國六十年	第十三次世界童子軍大露營於日本舉行。	

一九七五年	民國六十四年	第十四次世界童子軍大露營於挪威舉行。
一九八三年	民國七十二年	第十五次世界童子軍大露營於加拿大舉行。
一九八八年	民國七十七年	第十六次世界童子軍大露營於澳大利舉行。
一九九一年	民國 八十 年	第十七次世界童子軍大露營於韓國舉行。
一九九四年	民國八十四年	第十八次世界童子軍大露營於荷蘭舉行。
一九九六年	民國八十五年	第卅四屆世界童子軍領袖會議於挪威舉行。 第十屆世界羅浮童軍大會於瑞典舉行。 第十七次亞太區童子軍大露營於韓國舉行。
一九九七年	民國八十六年	第十八次亞太區童子軍大露營於馬來西亞舉行。
附註	1國際童子軍辦事處原設在英倫，於一九五八年遷至加拿大，一九六八年遷至瑞士日內瓦。 2國際會議每叁年舉行一次，世界大露營每四年舉行一次，繼續不斷進行。我國為爭取國際地位，加強邦交，歷次均派員前往參加，並有良好成績表現。	

中國童子軍大事紀要

年份	大事記要	附註
民國元年	武昌文華書院創辦童子軍。	二月二十五日為中國童子軍創始紀念日
民國八年	上海倉聖明智女校創辦女童軍。	
民國十三年	江蘇童子軍組織代表團參加第二次世界童子軍大露營。	
民國十五年	中國國民黨中央常會通過組織黨童子軍案。	三月五日為中國童子軍節
民國十七年	中國國民黨童子軍司令部成立於南京，張忠仁先生任司令。 開辦童子軍教練員訓練學校，調訓海內外童子軍領導人員。全國組訓，始告統一。	
民國十八年	改名為「中國童子軍」何應欽先生任司令。	
民國十九年	舉行第一次全國童子軍大露營於南京。	
民國二十一年	籌設中國童子軍總會。　蔣公中正為會長，戴傳賢、何應欽兩先生為副會長。	
民國二十三年	中國童子軍總會正式成立。	十一月一日為總會成立紀念日
民國二十四年	參加美童子軍銀禧紀念大會。	
民國二十五年	舉行第二次全國童子軍大露營於南京。	
民國二十六年	組織代表團參加第五次世界童子軍大露營。 抗戰事起，全國童子軍從事戰時服務。 國際童子軍聯盟接納中國童子軍為會員國。	

中國童子軍

民國三十一年	舉行中國童子軍創始三十週年紀念大會。	確認嚴家麟先生為中國童子軍創始人。
民國三十二年	確立榮譽制度，舉行第一次榮譽裁判庭。	
民國三十四年	抗戰勝利，總會自重慶遷回南京。	台灣歸復祖國，中國童子軍亦於翌年由張忠仁先生倡導推行。
民國三十九年	總會隨教育部遷至台灣。	
民國四十五年	舉行第三次全國童子軍大露營（地點在台灣省南部之澄清湖）。	
民國四十七年	中國女童軍總會成立。	六月一日為女童軍總會成立紀念日。
民國四十八年	辦理木章訓練訓練義務服務員。	
民國五十五年	遠東區國際童子軍會議在台舉行。	
民國五十七年	行義童子軍制度建立。	
民國五十九年	舉行第四次全國童子軍大露營（地點在台灣省北部新埔及埔心兩地）。	
民國六十三年	開始發展社區童子軍。	
民國六十四年	總會會長　蔣總統中正先生於四月五日逝世。	
民國六十七年	舉行第五次全國童子軍大露營（地點在台灣省南部之澄清湖）。	總會會長由總統蔣經國先生擔任。
民國七十五年	舉行第六次童子軍大露營。（地點在臺南縣珊瑚潭）。	
民國七十六年	中國童子軍總會展開各級童子軍進程之修訂工作。	
民國七十七年	恭請李總統登輝先生擔任中國童子軍總會會	

大事紀要

	長。
民國七十八年	於台北市主辦第十六屆亞太區童子軍領袖會議。各級童子軍進程經全國理事會通過試行二年，展開實驗稚齡童軍活動。
民國七十九年	內政部核准中國童子軍總會為全國性社會團立案，追溯自民國二十一年成立。
民國八十年	三月李總統登輝先生兼會長主持中國童子軍創始八十年慶祝聯歡大會於林口。 九月公佈中國童子軍各級訓練進程，確定為稚齡童軍、幼童軍、童子軍、行義童子軍、羅浮蘭傑童子軍五個階段。稚齡童軍活動仍須試行二年。八月組織六百十二名童子軍及服務員代表團參加第十七次世界童子軍大露營於韓國雪嶽山。
民國八十一年	出版稚齡童子軍手冊，稚齡童軍團長手冊、幼童軍手冊、幼童軍團長手冊、童子軍團長手冊。 十月於台南縣走馬瀨農場舉行第七次全國童子軍大露營。 十一月組團參加亞太區第十七屆童子軍領袖會議於印尼。我國代表吳水雲當選亞太區委員會主席。

民國八十二年	組三十二人代表團出席第三十三屆世界童子軍領袖會議於泰國。 稚齡童軍活動結束試行，經全國理事會審查公告實施。
民國八十三年	各縣市童子軍理事會依人團法選舉理、監事，改名為某某縣（市）中國童子軍會。中國童子軍總會依全國性社會團體選舉理、監事、完成合法組織，賦予法定地位。高銘輝當選爲理事長。
民國八十四年	六月參加亞太區第卅四屆童子軍領袖會議於新加坡舉行。 八月參加第十八屆世界童子軍大露營於荷蘭。
民國八十五年	舉辦第十次全國羅浮童軍大會於宜蘭。 中國童子軍總會遷讓借用校地所建之中國童子軍活動中心，遷往朱崙街20號13樓（體育聯合辦公大樓）
民國八十六年	主辦亞太區人力資源研討會於台南市 第十六屆全國羅浮蘭傑童子軍大會於宜蘭市 青年論談群長年會台南市（與萬通銀行合作）發行中國童軍信用卡

我的重要記錄

國家元首：總統　他是我們的會長

住家及團部鄰近的：

警察局	地址：	電話：
火車站	地址：	電話：
汽車站	地址：	電話：
捷運站	地址：	電話：
醫院	地址：	電話：
消防隊	地址：	電話：
郵局	地址：	電話：
電信局	地址：	電話：
警察派出所	地址：	電話：

備註

小隊徽舉例(一)

豹

隊色：黃

隊聲：ㄎㄩㄡㄎ

鹿

隊色：紫黑

隊聲：ㄅㄠㄨㄧ

虎

隊色：紫

隊聲：ㄍㄜ ㄌㄠㄧ

山羊

隊色：黑白

隊聲：ㄇㄧㄢㄧ(低)

獵狗

隊色：橙

隊聲：ㄅㄠ ㄨㄠ ㄨㄠ

犀牛

隊色：褐橙

隊聲：ㄇㄙ

海豹

隊色：棕綠黑

隊聲：ㄏㄚㄎ

羚羊

隊色：棕綠

隊聲：ㄇ| ㄣ ㄠㄎ

黃牛

隊色：黑棕紅

隊聲：ㄇㄤㄧㄨ

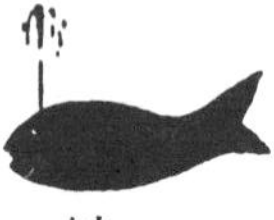

鯨

隊色：灰黑藍

隊聲：ㄘㄚ ㄌㄚ ㄌㄚ

袋鼠

隊色：紅灰

隊聲：ㄎㄨㄧ| ㄧ

水獺

隊色：棕白

隊聲：ㄏㄨㄟ ㄨㄟ ㄨㄟㄎ

(二) 小隊徽舉例

象
隊色：藍白
隊聲：ㄊㄚ ㄌㄡㄧ

獅
隊色：黃紅
隊聲：ㄧ ㄡ ㄨㄧ

狼
隊色：黃黑
隊聲：ㄏㄠㄧㄨㄨ

貂
隊色：白褐紫
隊聲：ㄘㄧ ㄘㄚ ㄘㄧ

駱駝
隊色：橙黑
隊聲：ㄇㄡ

馬
隊色：黑白棕
隊聲：ㄏㄧㄧㄧ

黑熊
隊色：褐紅
隊聲：ㄅㄠ ㄌㄚㄦ

綿羊
隊色：棕
隊聲：ㄇㄚㄧㄚㄧㄚㄧ

水牛
隊色：紅白
隊聲：ㄣㄧㄇㄠㄛㄨ(低)

貓
隊色：灰棕
隊聲：ㄇㄧ ㄠㄧㄨ

野牛
隊色：灰棕黑
隊聲：ㄇㄛ ㄇㄛ

野豬
隊色：灰妃
隊聲：ㄆㄌㄨㄈ ㄆㄌㄨㄈ

(三) 例舉徽隊小

鶺鴒
隊色：黑黃白
隊聲：ㄗ ㄗㄧㄝ ㄗ ㄗㄧㄝ

白頭翁
隊色：白褐黃
隊聲：ㄅㄠ ㄅ ㄅㄠ ㄅ ㄏㄞㄊ

孔雀
隊色：藍白綠
隊聲：ㄅㄧ ㄨ ㄅㄧ ㄨ

雄雞
隊色：紅橙
隊聲：ㄍㄨㄍㄨㄍㄨ

鷹
隊色：綠黑
隊聲：ㄎㄦ—（吹唇夫音）

烏鴉
隊色：黑
隊聲：ㄎㄚ ㄎㄛㄨㄧ

海鷗
隊色：青褐白
隊聲：ㄐㄧ ㄚ

鷺
隊色：灰
隊聲：ㄎㄜ ㄍㄜ

布穀鳥
隊色：灰白
隊聲：ㄍㄚ ㄍㄚㄧ ㄅㄨ ㄍㄛ
（尖銳聲）

雁
隊色：褐綠
隊聲：ㄐㄩㄧ ㄐㄩㄧ

鵝
隊色：朱黃白
隊聲：ㄎㄨㄥㄧ ㄍㄚ
ㄎㄨㄥㄧ ㄍㄚ

鷓鴣
隊色：墨綠紫白
隊聲：ㄍ ㄍㄨ ㄍㄨ

小隊徽舉例(四)

鴿
隊色：藍灰
隊聲：ㄅㄠㄎ ㄏㄡㄦㄡ

鶴
隊色：朱白
隊聲：ㄎ ㄌㄚ ㄎ ㄌㄚ

鴕鳥
隊色：褐白
隊聲：ㄎㄨ ㄎㄨ ㄎㄨ

鴨
隊色：褐白綠
隊聲：ㄍㄚ ㄍㄚ ㄍㄚ

鵾
隊色：灰青紫
隊聲：ㄎㄜ ㄌㄠ ㄎㄜ

啄木鳥
隊色：綠紫
隊聲：ㄊㄚ ㄆㄛ ㄊㄚ ㄆㄛ

鵲
隊色：綠白黑
隊聲：ㄘㄧ ㄚ ㄘㄧㄚ

燕
隊色：褐藍
隊聲：ㄊㄨㄟ ㄊㄛㄦ——
（吹唇）

梟
隊色：草綠紅
隊聲：ㄨㄟ ㄨㄟ ㄨㄟ

企鵝
隊色：白橙
隊聲：ㄒㄧ ㄧㄒㄧ

雀
隊色：灰黑黃
隊聲：ㄐㄚ ㄐㄚ ㄐㄚ

百靈
隊色：黃棕白
隊聲：ㄐㄩ ㄐㄩ ㄍㄨㄚ ㄐㄧㄚ
ㄐㄧㄚ ㄐㄧㄚ ㄐㄧㄚ
ㄐㄧ ㄐㄧ ㄐㄧ

小隊旗示例

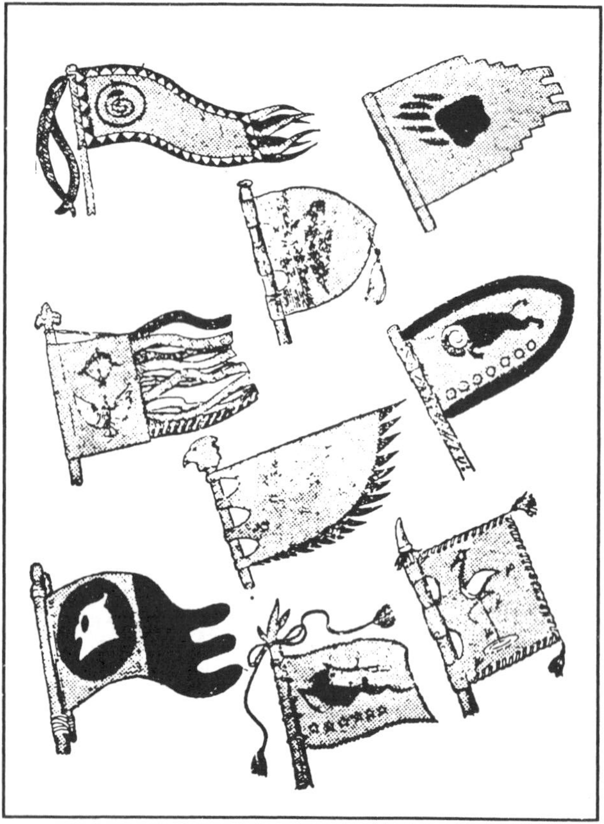

小隊集會示例

小隊經常自動地舉行集會，
使各人在童子軍階梯上不斷地上進；
並且熱烈地展開各種童子軍的活動。

「日行一善」舉例

1 引領迷路者到達目的地。
2 勸止路人或兒童打罵。
3 勸止頑童向窮戶或家犬擲石。
4 勸止路人攀折公園內花木。
5 掃除路上積水。
6 除去路上障礙物。
7 拾起遺物交回原主或警察。
8 幫助盲人下車，並導引越過馬路。
9 通知電廠修理已斷的電線。
10 協助警察維持發生意外地點的秩序。
11 為迷路孩童找尋其母。
12 援手救助跌入陷阱的犬。

13 領導老人或小孩穿過熱鬧的街道。
14 扶起跌倒的老人和小孩。
15 阻止惡犬追逐兒童。
16 把路上的香蕉皮，西瓜皮，碎玻璃，破罐頭移開。
17 指導鄰兒溫習功課。
18 上屋或上樹替兒童拾球。
19 替受傷人施行急救，並代找醫生。
20 幫助持重物過馬路的老人的和婦人。
21 扶助婦人老幼上車，並傳遞行李。
22 替不識字的人寫信。
23 替小販收拾倒翻的東西。

24 幫助農夫捉家畜。
25 灌溉將枯死的樹木。
26 把傾斜的桌椅擺正。
27 糾正國旗懸掛的錯誤。
28 宣傳國家新頒佈的法令。
29 借火與人。
30 除去車座上的污物。
31 替人帶信。
32 乘坐舟車讓位給老弱的人。
33 報紙借給他人閱覽。
34 看護母親不在的小孩。
35 拯救失足下水的人。
36 替牲畜包裹傷口。
37 趕走貓犬撲捕小雞。
38 熄滅遺火。
39 除去害蟲。
40 清理鄰里水溝。

中級

童子軍表解

中華書局印行

中國童子軍諾言

我願意參加中國童子軍，遵守中國童子軍規律。終身奉行下列三事：

第一　敬天樂群，做一個堂堂正正的中國人。

第二　隨時隨地扶助他人，服務社會。

第三　力求自己知識品德體格之健全。

中國童子軍規律

1誠實　為人之道，首在誠實。無論做事、說話、居心均須真實不欺。

2忠孝　對國家須盡忠，對父母應盡孝。

3助人　盡己之力，扶助他人，每日至少行一善事，不受酬、不居功。

4仁愛　待朋友須親愛，待衆人須和善，對生命要尊重，對社會要關心，對大自然要維護。

5禮節　對人須有禮貌。凡應對進退，均應合乎規矩。

6公平　明事理、辨是非，待人公正，處事和平。

7負責　信守承諾，克盡職責，遵守團體紀律，服從國家法令。

8快樂　心常愉快，時露笑容，無論遇何困難，均應處之泰然。

9勤儉　好學力行，刻苦耐勞，不浪費時間，不妄用金錢。

10勇敢　義所當為，毅然為之；不為利誘，不為威屈；成敗在所不計。

11清潔　身體、服裝、住所、用具、須清潔，言語須謹慎，心地須光明。

12公德　愛惜公物，重視環保；勿因個人便利，妨害公衆。

童子軍表解（中級）目次

「準備」

「日行一善」

「人生以服務為目的」

中級之路

入門

初級考驗合格，經宣誓授予童子軍名銜以後，便跨進了童子軍之門，走上中級之路。

怎樣做中級童子軍

1 童軍精神

能在日常生活中實踐童子軍諾言、規律與銘言，並有儲金簿正當使用金錢。

能經常自動自發參加小隊集會、團集會、野外活動和各種童子軍作業。在團和家庭、學校、社區服務而有良好的成績。

2 群體生活

確實實踐國民生活須知、熟知禮儀。能遵守交通規則，能保持住家環境排水溝暢通。有節約儲蓄及自力生產的事實。（在小隊內計議實行）

3 童軍技能

除上列二項外，中級童子軍應有「觀察」「結繩」「方位」「旅行」「生火」「露營」「急救」「訊號」等各項能力（詳見後列各表）。

提要

中級訓練注重野外技能的獲得，由白晝活動逐漸延長至夜間活動；從旅行中練習童子軍技能，在露營中應用童子軍技能，體驗群體分工生活。

儲蓄習慣與正當使用金錢

旨意

規律第九條勤儉：好學力行、刻苦耐勞，不浪費時間、不妄用金錢，明白告訴我們使用金錢的最高原則—「不妄用金錢」就是不亂用金錢。

方法

一、養成儲蓄的習慣，收支記帳，並將金錢儲存郵局或銀行。

二、時時檢討使用金錢是否正當。

正當的開支

1 購買書籍、文具。
2 參加娛樂休閒活動。
3 交誼費用。
4 餐飲費。
5 交通費。
6 儲蓄。
7 其他。

不當的開支

1 零食。
2 購置不必要的物品。
3 沉迷電動玩具。
4 吸煙。
5 飲酒。
6 賭博。
7 其他。

儲蓄習慣與童子軍會

儲金簿
銀行 郵局 帳戶號碼

我們的地方童子軍會
地址：
理事長：
總幹事：
幹事：
縣（市）輔導：
助理輔導：
區輔導：

訪問記錄				
日期				
時間				
訪問目的				
心得				
備註				

禮

訪問親友

1訪問時，應先扣門問詢，待接應後，方可入室。如需等候，切勿呈露焦急，更不可竊視其家人操作，或翻閱物件。

2年幼份卑的不宜坐高位，如主人堅請，則不妨就座。如有客在座，亦宜致敬，有客後至，則應讓座後客，自坐次位。

3訪問時間不宜過早過晚，如無急事，宜避免進膳時間。

4因事訪問，宜直陳事由，商談已畢，應即辭退。如遇主人外出，可留置名片或書便條留言。

5告別時，主人出送，應請其留步。

接待賓客

1有客來訪，宜整衣速出接待，請客上座，端茶為敬。

2不熟之客，宜先詢姓名及來意。如訪問父兄，應即入內稟達。

3如先後有數客來到，應分別一一介紹。

4與客接談，和敬為主，對於客人談話，尤應留心靜聽，如有數客同在，應顧及各方，不可專對一人談話。

5客辭行時，宜送至門外，鞠躬或握手為禮，並道再會或慢走等語。

儀

宴會常識

1 宴客須先期柬邀，被邀者應在請柬上塡覆「敬陪」或「敬謝」。

2 赴宴時，宜遵守時間，客到齊後，主人應即招呼入席，讓年高位尊者上坐，餘依次就座，主人坐於末位招待。

3 開始飲食時，主人舉筷請客食用，有酒時則先舉杯，食時宜輕聲細嚼，彬彬有禮，先用畢者，應招呼同座慢用。

4 如係西餐，左手執叉，右手執刀，先將食物切成小塊，再叉入口中，殘餘骨屑，則放置盤的一角，用湯時改用調羹，要注意刀叉不可發出聲音。

5 宴畢退席，應向主人道謝，主人應送至門外告別。

集會須知

1 被邀開會，應準時出席，如有事不能到，應先說明。

2 到會時先簽到，然後入座，如已開會，應輕步進場，以免驚動他人。

3 集會時遵守會場秩序，勿與他人談笑，或看無關此會的書刊。

4 發言應先舉手，得主席允許後，始可起立發言，說話須簡明扼要。

5 會畢離場，宜魚貫而出；如因事中途須早退，應先徵得主席的同意。

席次圖

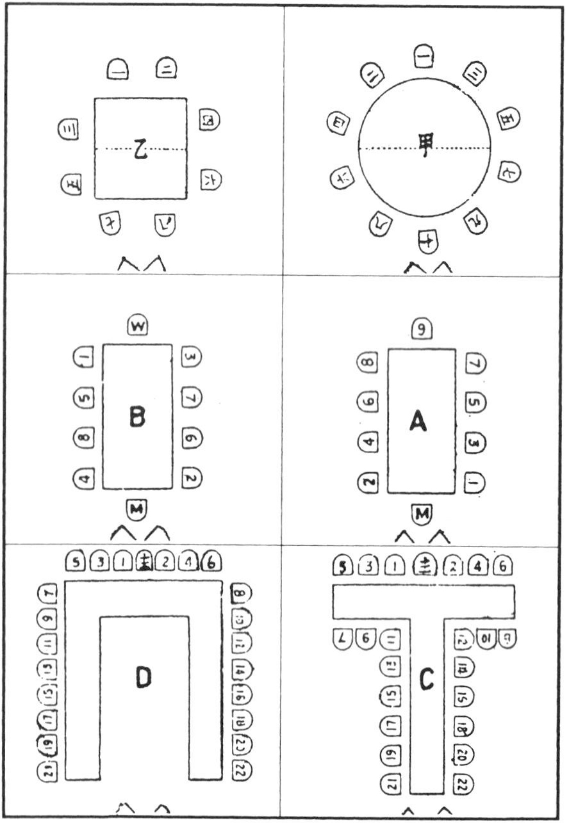

甲乙係中式席次

交通安全

交通安全

1. 工商發達，機動車輛快速成長，道路面積未能相對配合增加，造成交通秩序紊亂，交通事故頻傳。
2. 駕駛人不注意安全，不遵守交通規則。
3. 行人不注意安全，忽略交通規則。
4. 行人或駕駛人漠視交通標誌及標線。

駕駛機車的安全

保護自己

1. 穿著明顯易於辨識的服裝。
2. 晚間行駛，車上應裝置反射設施。
3. 戴安全帽上路。
4. 行車前檢查車況，以免途中故障，導致車禍。
5. 不可改裝或增加不必要裝備。
6. 酒後不駕駛。
7. 不小心或過度自信是致命的原因。
8. 無駕駛執照，絕不駕駛機車。

正確煞車

安全駕駛機車，第一要「安全停止」有效煞車，駕駛機車技術上最難操作的是煞車，手煞車、腳煞車、引擎煞車同時配合，將煞車距離控制到最短車程停止及時化解危險。

道路

1. 注意行人及騎腳踏車的人。
2. 正確行駛在應行駛的車道。
3. 左右轉彎應依照規定車道行駛，打開方向燈。
4. 經過臨時停止的車輛，注意其車門突然打開的危險。

交通

駕駛

5 經過靠站公車，注意上下行人，或車邊竄出的行人。

6 交叉路口減速慢行，禁止超車。右轉時注意穿越車道的行人及他車動向。

7 注意巷道內及交叉口之兒童、行人、車輛。

駕駛汽車的安全

1 無駕駛執照，絕不駕駛汽車。

2 精神狀態保持穩定，切勿急燥。

3 行前車況檢查，開車不喝酒，喝酒不開車。

4 依道路條件採取有效的駕駛方法：

(1)路面不平，握緊方向盤操作控制。

(2)山區道路注意落石、地盤鬆動。

(3)下坡路段減速慢行、試踩煞車。

(4)轉彎應鳴喇叭照會來車。

(5)市區行駛，注意穿越道路之行人。

(6)狹窄交叉路口，注意大型來車轉彎，以免「正面衝突」。

5 注意氣候變化：

(1)雨天路滑，宜減速慢行，以防車輛打滑肇禍。

(2)霧區行車應減速慢行，打開霧燈。

6 長途駕駛可做簡單車內體操，消除疲勞。

7 長途駕駛如有睡意，打開車窗使頭腦清醒。

8 開車前先環視四周，注意死角障礙。

安全

9 注意小孩、計程車、工程車、沙石車、水泥預拌車。
10 起動及停車前須特別小心謹慎。
11 注意前車煞車燈。
12 勿靠近行車狀況不穩定的車輛。
13 確保行車間安全距離。
14 注意腳踏車及機車的動向。
15 充分利用側視鏡及後視鏡。
16 繫緊安全帶，關好車門。
17 保持路口淨空，勿搶黃燈堵塞路口。

行人走路的安全

1 不與車爭道，走騎樓或人行道，靠左邊行走。
2 穿越馬路應走天橋或地下道，或行人穿越道。
(1) 穿越四線道以上寬闊路口，注意燈號及時停止。
(2) 倘行至路中燈號變換，應舉手警告駕駛人相讓，但須加速穿越。
3 未設燈號，又無警察的路口，當心左右來車，在安全性高的情況下穿越。
4 勿搶越平交道，「停」「聽」「看」再行車。
5 由巷道進入街道大路，應先察看來往車輛。
6 切勿穿越等待變換燈號的車陣。
7 雨天撐傘或穿著雨衣，走路行動不便，應注意：
(1) 路面泥濘不要跑步搶越，以免滑倒。
(2) 看清路面坑洞，小心行走。
8 禁止跨越路中分隔島。

我家四週的排水溝

情況 分區	前	後	左	右
暢通				
泥沙累積 水流緩慢				
堵塞 不通				

建議

一、嚴重堵塞，找出原因。應僱工清理。

二、略有堵塞，自己動手清理。

三、如係公共下水管道出狀況，通知鄰、里長轉請環保單位及時處理。

察觀

目的

鍛鍊各種感官，培養觀察、記憶、思考和判斷等能力。

練習方法

金氏遊戲

用細小雜物二十四件置於桌上，用布蓋好。待揭開布，觀察一分鐘後，測驗童子軍的記憶力，須有三分之二（十六件）以上的記憶能力為合格，觀察時，如能注意整理分類，便容易發生聯想作用了。

街市觀察

用平常的步伐經過指定的街市店鋪三十家，能觀察記憶店舖性質有五分之三（十八家）以上的記憶能力為合格。注意要點同金氏遊戲。

追踪

觀察人的足跡或是動物的足跡，依跡追尋，在半公里內能辨識清楚，且須能說明其主要意義。

潛躡

行路須擇有阻礙物，以避對方視線，並須注意背景，以免被發覺。對於步履、風向、人影等均應隨時留意。窺伺時，則在樹椏之間、叢草之中、大石之旁行之。如被覺察，不宜移動，使人疑為樹枝或石塊。如此仍能繼續潛行達一公里，不為其發現為合格。

偵察假案

1 觀察—注意變態事物，搜集各種資料。

2 推斷—根據調查觀察所得，推斷因果關係，假定各種可能性。

3 發現—在各種假定中尋找線索，再加縝密研究，便能發現底蘊，能有百分之六十以上的正確性，方為合格。

附註

中級童子軍須能在上列方法中有任何兩項的能力。

鳥獸足跡示例

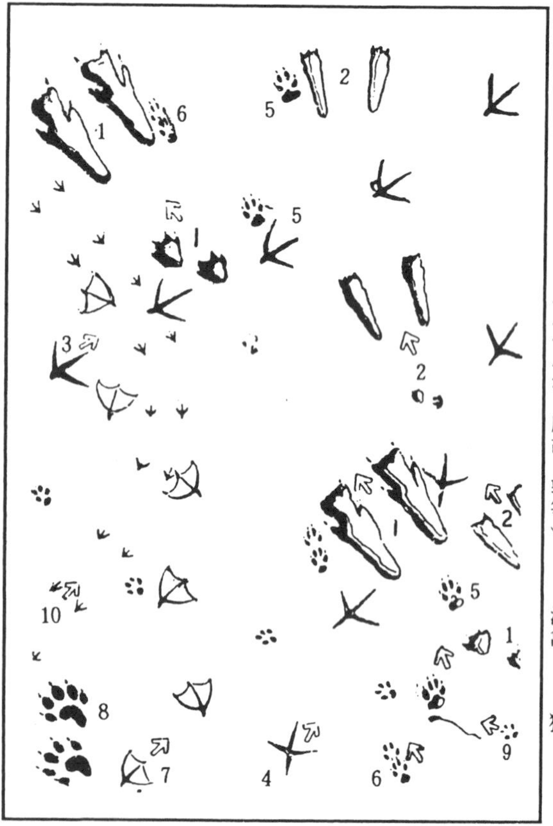

1野兎
2家兎
3山野之鳥（烏鴉、鷓鴣、鶉等）
4涉禽
5狗
6狐
7游禽
8水獺
9貓
10森林之鳥（麻雀、知更鳥、畫眉等）

雲層組織與

簡介

- 天空雲層的變化，與天氣有相當的關連，仔細觀察，不難發現演變的結果，
- 並能夠預測天氣。天空雲層大概可分為十種，歸納為四大類。

高雲

- **卷雲**
  - 雲高約五、〇〇〇—一三、〇〇〇公尺。藍天最高處，
  - 呈現細小白色絹狀的雲，凌晨或傍晚被太陽染紅。
  - （晴天）
- **卷積雲**
  - 雲高約五、〇〇〇—一三、〇〇〇公尺。與卷雲相同，
  - 形似魚鱗，波浪狀，由無數小白色聚合而成，常見於秋天。
  - （晴天）
- **卷層雲**
  - 雲高約五、〇〇〇—一三、〇〇〇公尺。簾幕或薄紗形
  - 白色濃雲，遮住太陽或月亮，四週有一層彩暈，太陽透過時，照在地上物體仍可見到影子。
  - （由四方開始變厚，天氣變壞）

中雲

- **高積雲**
  - 雲高約二、〇〇〇—七、〇〇〇公尺，形狀與排列狀態
  - 和卷積雲相似，高度較低，看來較大，底層呈灰色。
  - （看不到藍天，天氣逐漸變壞）
- **高層雲**
  - 中層到高層：比卷層雲厚，透過它看太陽，像隔著毛玻
  - 璃，見到太陽輪廓。
  - （天氣時壞的機率比卷層雲大）
- **雨層雲**
  - 中層到高層或低層：分布中層和高層，底部有時低到距
  - 地面五〇〇公尺低空，常發生於低氣壓中心和鋒面附近。
  - （會降大量的雨水）

氣象

低雲

層積雲

低層，約二、〇〇〇公尺以下：與高積雲相似，雲朵更大，排列呈波浪狀，底層灰色，高山之間的雲海就這種雲。（會降大量的雨水）

層雲

低層，約二、〇〇〇公尺：和霧的顏色一樣，為所有的雲裡位置最低者，透過這種雲，只能看到太陽的輪廓。（厚度不大不會降雨）

直展雲

積雲

雲底在低層，雲頂可到中、高層：雲低灰暗，陽光照射部份白而發亮，似羊毛堆浮藍天，太陽在雲背面，雲呈灰暗色，週邊發光彩，雲頂變換形狀極快，隨太陽昇高，雲體隨之擴大。午後最大，傍晚消失，日照強，對流盛，可發展距地十公里高。（多半出現夏季晴朗天空。如在山區多半降雨）

積雨雲

雲層低，或到中、高層：由濃積雲發展成塔狀、峰狀雲團矗立天空，頂端可達距地面一〇、〇〇〇公尺以上，成纖維狀卷雲，下端分裂成高積雲和層積雲，形成很多種雲。（常有大雷雨，偶降冰雹）

旅行

旨趣

中級中的旅行，實際是遠足，到野外去的戶外活動。希能在大自然環境中學習各種童子軍技能，準備進一步去從事野外露營生活。

步驟

乾糧旅行

攜帶乾糧到野外去的旅行。在乾糧旅行中，憑藉地圖、觀察地形、辨別方位而行進，並且又可在曠野舉行大地遊戲，作隱蔽（躲貓貓，勿使被對方看見）和追踪的練習。這是童子軍初步的旅行活動。

生火旅行

攜帶物品到野外，需要自覓燃料，親自烹調的旅行。在生火旅行中，增加了刀斧使用，築灶、生火、炊事、甚至又可架搭帳幕等童子軍技能的練習，這是進一步的童子軍旅行活動。

學術旅行

各種學術性的旅行，例如方位旅行、訊號旅行、自然研究旅行、探察旅行……等，這是可和以後的露營活動相間而行的。

足部的保護

1足部每晚須洗淨，趾甲須時常修剪。

2旅行用鞋不可太寬或太緊，須大小合適。鞋的前端應有空隙，並須乾燥、柔軟、堅牢。尖頭、薄底、新鞋、膠鞋、均不可用。

3旅行前鞋子須擦油，使其柔軟。換用新鞋帶，可免旅行途中斷脫，以致不利於行走。

4襪子大小須合腳，無破孔，且需每日更換，補過的襪。步行時足部易受損害。

5如長途步行，能於穿襪前足部塗以滑石粉，走路時更感舒適。

6鞋襪潮濕有損足部，應即更換，或設法使其乾燥後再用。如旅行途中休息時，將襪子脫下左右互換後再行穿上，功效等於重新替

行　旅

(一)基本知識

步行的方法

換。

7足部如發現有傷痕，宜用軟布或棉花保護之。

8足部如發生水泡，應在休息時以消毒的針刺破，把水輕輕擠出，敷以凡士林藥膏，再用棉花紗布保護之，隔夜後即可以行走。

1旅行的步法要正常而自然，行走時，足踵先著地，每步的距離要有一定，如果行走過久，可用曲膝步行法交換行之，即可減少疲勞。曲膝步行法是使腿部成一種旋轉式的運動。臀部向跨步的一方，作自然的擺動，踏下時，足趾和足踵平放著地，足趾向前指，或略偏向內側，使足踵內外沿和小足趾分擔體重，使身體重心能平衡在全足，同時使小腿分負大腿的重量。當足提起時，自然向後擺動，膝關節放鬆，由反作用的力量，使小腿又抛向前，成一種旋轉式的運動。如此左右兩腿交換前進，既適於平地旅行，又宜於登山越嶺。

2徒步旅行速度，每小時約為四至五公里。開始行走時不宜太過興奮走得太快，務求前後保持一致。

3旅行時可先認定一目標前進，到達目標後，再定次一目標，繼續向前進，如此分段進行，可不覺長途疲勞。除非觀察記號或追尋蹤跡旅行，則不用此方法。

4徒步旅行半小時或一小時，應休息一次，每次約三、五分鐘。休息時可仰臥地上，兩足高舉，依在樹幹上，或向上作相互伸屈動作，可以恢復疲勞。休息後，應立刻再走，不可使肌肉鬆弛。

(二)旅行基本知識

服裝的注意

1 服裝須輕便，以利行動。童子軍制服便是為了便利野外生活而設計的，所以最為合用。在夏季旅行時應多帶內衣，以便流汗潮濕後更換。如早晚溫度和平時懸殊，以及氣候遇多變化的季節時旅行，更應預為準備。絨衣（或外套）及雨衣是旅行者的保鑣。

2 帽子是旅行中重要的物品，因為不戴帽在太陽下行走，易使身體疲乏。如果下雨時缺少帽子，使頭淋雨，就容易感冒，所以帽子無論寒暑晴雨都是必需的，童子軍的平邊呢帽最為適用。

3 攜帶衣物應用背囊最為便利，背囊可說是旅行者的恩物。背負既不費力，行動又無妨礙，而且取用十分方便。

飲食的衛生

1 徒步旅行前後須食富有營養且易消化的食物，旅行之前，不宜吃得過飽。

2 旅行途中須少進飲食，喝水祇需漱口，口渴時捲舌，或口含乾淨的小石，自生津液。

3 不潔之物不可吃。未煮開及未經消毒之水不可飲。生水消毒方法：除藥房中有消毒生水之藥片可購用外，另一方法是每$\frac{1}{4}$加侖的水，放碘酒一滴至兩滴，過二十分鐘後，亦可飲用。

1 指南（北）針與地圖是旅行者的必需品，須隨時注意，以明旅行的位置、方向和距離。

2 童子軍徒步旅行應避免走交通要道。穿入小道和鄉村小徑，才是旅行的真正開始。如要經過小山、窪地、或不明之地，須先派人探測，方可向前進行。

旅途的安全

3 小隊行進宜用貝氏提倡之斥堠隊形（如圖），副隊長在前先導，隊長在隊之中間，便於呼應前後左右，並便於照顧年幼隊員。

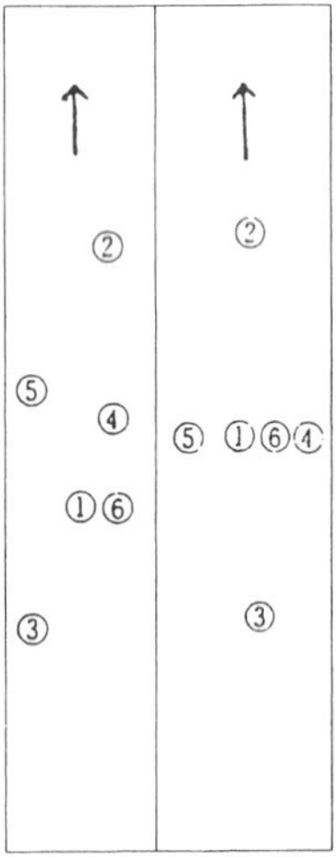

如小隊為八人，隊前隊尾可各增加一人。

4 如必須在公路上行進，應靠左成單行，注意來往車輛（車輛靠右邊行）及路旁牌示。在黑暗時，右足近膝須縛一白手帕，使來往車輛發現有人，可免危險。

5 經過鄉村應遠離私人範圍，不攀折他人花木，不驚擾他人家畜。

6 旅途中如遇有凶犬等動物，不要驚慌，不必對付，更不可奔跑，宜鎮靜處之，向另一方向走過去。

7 在野外時時以隊聲取得聯絡，不可獨自行動，離開小隊。

8 觀察雲的變化和動向，須知未來天氣，以免臨時慌張失措。

9 在野外林中生火，須特別注意火災的危險。

10 旅行中不可遺忘携帶小隊救護箱，以備不時之需。

行

旅行實施要點

事前的準備

1確定旅行的目的、地點和日期。
2確定旅行的性質和參加人數。是全團旅行?還是小隊旅行。
3計劃旅行的路程、去的路徑和回來的路徑,是否還需要交通工具?
4設計旅行時的活動項目、內容和時間的安排。
5預算旅行的費用和各人應繳的數目,以及收支等手續。
6決定旅行時所需的物品,以及公用物品的分帶方法。
7決定各人職務的分配,以及各種接洽的事務。

事中的進行

1出發前先集合點名,檢查服裝用品,然後說明旅行的目的和計劃,分發應用地圖及參考資料。
2依時出發,在途中嚴守交通規律,服從隊長命令。
3行走速度應以年幼者為準,大的須要照顧小的。
4在旅行中須注意禮貌,不作危險舉動。並儘量表現童子軍互助合作的優良精神。
5到達目的地後,切忌休息,應立即依照計劃,展開預定的活動項目。變換工地,即是休息。
6童子軍遇有機會行善,應即實行。
7回來之前須清理地面,檢查人數,檢點用品。
8返團後,收回公物,整飭衣服手臉後應立即回家,不可中途逗留,以免家長記掛。

事後的結束

1. 旅行用品須於事後加以整理，分別洗晒，如有破損，應即修理或補充，然後分類收藏保管。
2. 旅行歸來後，應函謝對此次旅行協助之各團體以及個人。
3. 旅行帳目應即結算公布，如有多餘，立即發還。
4. 旅行經過情形應有簡明扼要的文字記載，並附此次旅行地圖，列入小隊誌或團誌內，以留紀念。
5. 在小隊集會或團集會時，應將此次旅行經過作精密檢討，研究得失原因，可使獲得更多經驗。

附註

1. 寒暑假都有極長的時期，童子軍大多在此假期自動舉行小隊旅行活動，這確是極好的機會。童子軍在野外登山越嶺、探險搜奇，興趣自然十分濃厚。尤以冬季從事徒步旅行，可使身體活動，不覺寒冷，很有益處。在夏季舉行徒步旅行，須利用早晚時間，日中應在林中陰涼處休息，或作些安靜的工作。
2. 旅行中可以作許多童子軍活動，所有各種童子軍技能，都是需要在野外實地鍛鍊中才可獲致的。旅行是童子軍活動中非常重視的，旅行和露營，便交織成整個的童子軍野外活動。

效用

1. 能辨認方向，在野外不致迷路。
2. 用以觀察地圖，可以指示旅行途徑。
3. 能識別方位，可便利於各種野外生活。

方位名稱

- 四方位
  - 東E（East）
  - 南S（South）
  - 西W（West）
  - 北N（North）
- 八方位
  - 東　東北
  - 南　東南
  - 西　西北
  - 北　西南
- 十六方位
  - 東　東北　東北東　北北東
  - 南　東南　東南東　南南東
  - 西　西北　西北西　北北西
  - 北　西南　西南西　南南西

以上方位名稱根據我國氣象臺所規定。童子軍在應用時以度數名之，更爲正確。

方

羅盤用法

構造

1 羅盤的中央有一支磁針，磁針一端為黑色，另一端為白色。黑色的一端永遠指北，白色的一端永遠指南。通稱指南針或指北針。因為磁針受著北極磁力的吸引，黑色的一端所指的北方，與正北稍稍有差，稱為磁北。但一般所用方向，多係磁針所測定。

2 羅盤的盤上印有圖文，表明各方向位置，以及度數，如北為零度，東為九十度，南為一百八十度，西為二百七十度……等，以便計算。（見方位圖）

用法

1 如要測某地某物方位時，可將羅盤放平，待磁針靜止在0度時，即可知在何度何處。如羅盤盒上有指示線可轉動，將此線對準測物，指示更明白。

2 羅盤不可在鐵路、汽車以及其他鐵質的物件附近使用，因為磁針常為鐵質物體所吸引，致使所測方位不準確，故須注意。

藉時計測向法

1 在太陽光下，將時計平置於地上，以短棒豎在短針（指時針）的尖端，對準太陽。

2 然後把十二點與棒影所成的角平分，這平分線，就直指南北，較小的一角是南，較大的一角是北。（依照日光對時的時針必定正確）

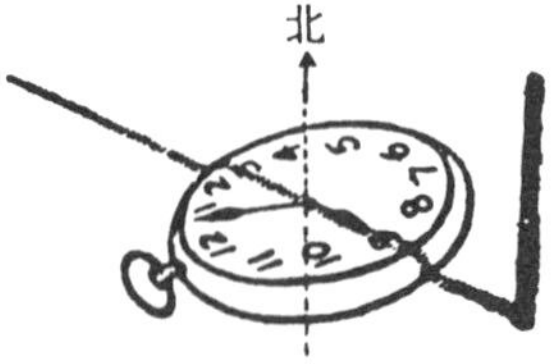

時計測向

位

藉太陽測向法

1. 春分秋分的時候，晝夜平均。太陽在上午六時從東方升起，九時在東南，十二時在正南，下午三時在西南，六時落在西方。
2. 夏至的時候，晝長夜短。日出在東南，日落在西北。
3. 秋分以後，白晝漸短。日出的方位漸漸移向東偏南，日落時漸漸移向西偏南。
4. 冬至的時候，晝短夜長。日出在東南，日落在西南。

藉星座測向法

大熊星座：形似農具的犁，又名北斗星，可由第六七兩星聯成直線引長五倍處，即為北極星（在小熊星座）。由此即知北方所在。

仙后星座：形同W字，位近北極星，與大熊星座遙遙相對。凡是大熊星座不易發現時，仙后星座便在北天高空。由仙后星座去找北極星，亦極方便。

獵戶星座：形似獵人，在秋天的夜間和冬天的晚上，抬頭即見，從獵戶的頭部一面引長一線，即指北極星所在。

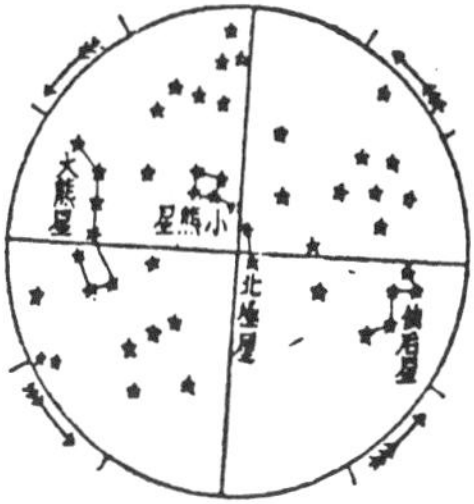

藉月形測向法

○滿月——午後六時在正東，九時在東南，午夜十二時在正南，三時在西南，晨六時在正西。

D上弦——月形缺左，午後六時在正南，九時在西南，午夜十二時在正西。

a下弦——月形缺右，午夜十二時在正東，三時在東南，晨六時在正南。

藉植物測向法

枝葉——向南的一面茂盛，向北的一面較疏。

樹幹——大的樹幹，向南的一面成扁平，向北的一面稍尖，略呈三角形。如看年輪，木心則靠近北面。

蘚苔——蘚苔類的植物，常生在陰濕的北方一面。

藉風測向法

如在出門時記住風向，到野外觀察草木吹動或塵沙和烟的飛揚，方向便可明瞭。如將食指在口中吮濕伸出，在風中感覺寒冷的一邊，即知風來自何方。

其他

傍晚日落後，可按摸墻壁、岩石、樹幹等，凡感覺有溫度的一邊，亦可推測是西方了。

樹幹

年輪

燃料的選擇

初期燃料

初期燃料，宜擇木質較鬆、且含有油脂的木柴，使易於燃燒，這一類的木柴，多係針葉樹的松、柏、杉、……一類。

基本燃料

基本燃料，取其耐燃，大半木質堅而較重，這大都是常綠闊葉樹的木柴，如相思樹、櫟樹、楡樹、桑樹……之類，因其無油脂，較為耐燃。

柴的架法

塔型

或稱圓錐形。在地上挖去少許泥土做成一個小坎，取一木柴，插入坎底中央，然後將劈細的柴斜倚其四周，留一、二孔隙，以便火媒棒伸入。

方型

或稱井字形。將柴架成井字，如嫌太低，則可再加幾層，柴架中放置較細的柴枝，或引火的乾草。同法，可成多角形或圓形，此種架法為規模較大的營火取光時所用。

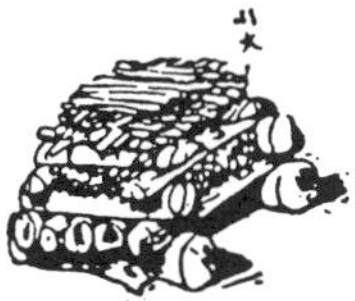

生火

生火的方法

火媒棒

火媒棒是為引火所用，將塊木劈取一片，或選乾燥的柴一段，用刀劈成掃帚狀，或擇乾燥的樹枝，在周圍的表面上削成短葉如松枝一般。那末引火的時候就容易燃著了。

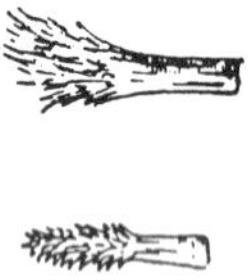

火媒棒

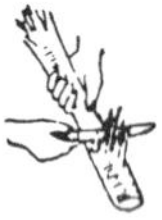

用小刀耐心的削成

引火法

引火時，要背風而立，將火媒棒用左手中指和食指夾住，其掃帚狀的一端要下垂斜勢，乃將火柴用風中擦火柴法，引火於棒端的芒。著火後，仍須保持下斜的姿勢，使火焰增大，次將火媒棒徐徐伸入柴架的下面，使其燃燒。童子軍生火規定限用火柴一根。

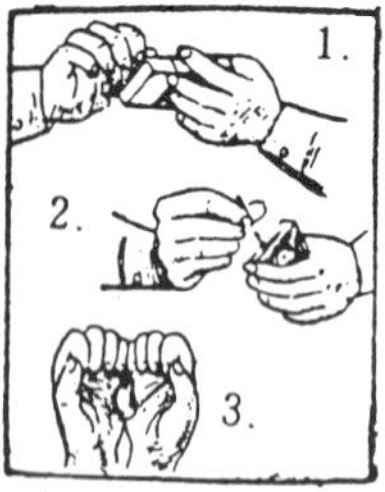

風中擦火柴法

注意風向

刀斧鋸子使用須知

1使用刀斧須謹慎小心，安全第一。
2不用時，刀要摺好；斧要放入套內，或砍在木柴的幹上。
3使用時，刀口斧口要向外，不可向著自己身體。並且要留意斧在轉動範圍內，不致影響他人。
4刀斧須常保鋒利，非用刀斧之處，不可替代其他用途，以免損壞鋒口。
5小片的木料如火媒棒等，才用刀削，而大片的木材須用斧劈。
6砍伐樹枝時，斧不可直立，致與樹枝成直角，應略帶斜度（四十五度最好），耐心砍去。
7刀斧使用時，應注意勿使觸及砂土或石塊。
8勿使刀斧接近火焰，否則易於脫鋼，失去鋒利。
9刀斧給人時，要把刀柄或斧柄先給人握住，然後放手。
10刀斧勿使受潮，收藏時應揩拭乾淨，並塗以油質如凡士林，以防生銹。
11鋸子分手鋸和中鋸、大鋸。手鋸用於製作手工藝，一人操作，前後推拉，鋸條不大，鋸齒細小；中鋸用於分割粗木，鋸條較寬大，鋸齒粗，間距寬，一人操作；大鋸用於閥木斷樹，兩人合作推拉，協力同心始克奏功。
12手鋸使用時拉推之間用力平均，保持直線進退，以免折斷鋸條，折損鋸齒。
13鋸子應保持鋸齒鋒利，使用後清除齒間木屑。鋸齒遲鈍時應送磨刀店銼利。
14鋸子收藏時，應擦拭乾揮，塗上凡士林油以防生銹。
15近代發明電動鋸代替手工鋸，使用極為方便，效果艮好，但須注意安全，一旦受到意外傷害遠比手工鋸嚴重。

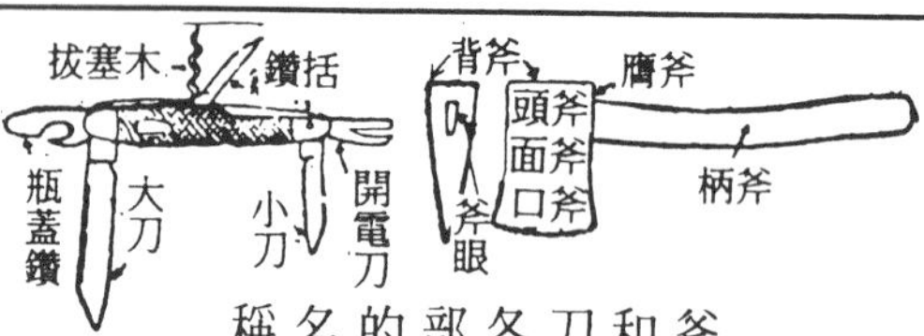

斧和刀各部的名稱

常保刀斧的鋒利

攜帶或給人時

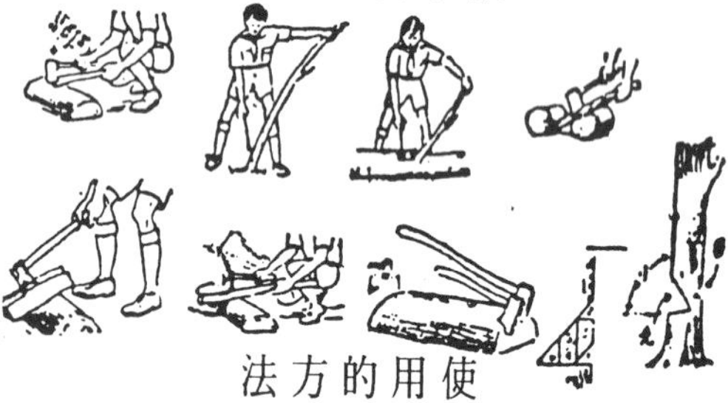

使用的方法

用具

- 個人的
  - 個人炊具（見圖）
  - 個人餐具（包含碗碟調羹筷子等）
- 小隊的
  - 飯鍋、湯鍋、煎盤、
  - 刀鏟、水桶……等。

築灶

- 位置
  - 1近水處。
  - 2在帳幕的下風，廁所的上風。
  - 3灶口須對風吹來的方向。
- 方式
  - 吊灶—用樹枝數根做成，鍋子吊在架上，下掘長溝一道生火（溝旁亦可放置樹幹）。
  - 堆灶—用石塊堆成，上可放鍋子。
  - 土灶—就地掘成，如有地道的煙突更佳。
  - 架灶—用鐵製的鍋架或用帳釘釘在地上，作成。

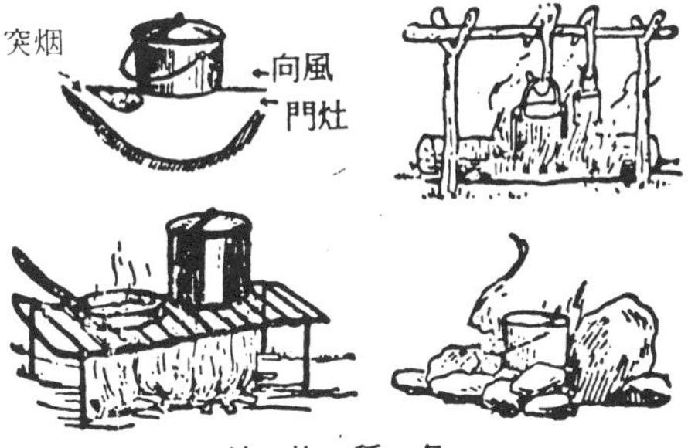

各種炊灶

個人炊具

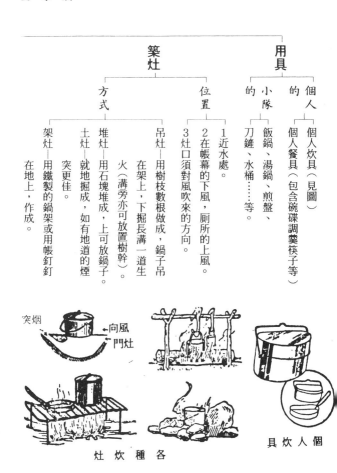

炊

米飯煮法

燒飯

淘米——一碗米可煮三碗飯，按人數量米盛於鍋內，用水淘去糠屑。

水量——米和水，約為一與二之比。

燒法——米和水可同時入鍋，先用猛火「煮」，煮沸時，攪拌一下，使上下調和，待水將乾時，改用文火「蒸」，最後則用微火「燜」，經過此三步驟，就可取食。

燒粥

淘米——一碗米可煮稀飯六碗，淘法同上。

水量——米和水，約為一與六之比。（厚薄可自行酌定）

燒法——米和水同時入鍋，等煮沸後，攪拌一下，然後改用緩火煮之，經過三四次沸開，察米粒已脹透後停火，稍待即可取食。

各式米飯

蛋炒飯

1 將蛋打碎盛於碗內，用筷急攪使黃白調勻，並加少許鹽。

2 煎盤內盛油，待其煮沸，即將蛋傾入，使成小塊後取出。

3 煎盤內再盛油煮沸，將煮成之米飯放在盤內炒勻，然後再將蛋傾入一拌即成。

咖哩飯

1 先將豬肉及馬鈴薯煮爛，加以調味。

2 再將咖哩粉調水，並用太白粉同時傾入拌勻。

3 將咖哩汁拌入豬肉等物，盛於煮成之米飯上即成。

事

烹飪舉例

燒肉

選擇——新鮮的豬肉或牛肉，牠的脂肪含有光澤，肉質堅固，且有彈性。

洗滌——肉類多血液，必須洗淨。

燒法——肉類食法甚多，在童子軍野外炊事中，以燒肉片或燒肉絲為宜，因取其時間經濟。烹煮方法爲：先將肉切成片或絲，用醬油浸泡後取出，待盤內油沸後放入，使其燒熟。如欲加入其他材料也可，至全部燒熟為止。

燒魚

選擇——買魚須買活的。如已死了，則須檢視其鰓，鰓紅的尚佳；如已變成褐色，或身體變硬，便是死已過久的現象。

洗滌——先除其鱗，後剖腹去其膽腑，再將鰓取去；注意魚膽，勿使弄破，最後用清水洗滌之。

燒法——先用鹽遍搽腹背及內部，或浸入醬油內。待盤內油沸，將魚輕輕放入，等一面煎熟後，再用鏟把魚身翻轉，煎另一面，煎透後即可供食。

- 煮菜
  - 選擇—買菜須擇新鮮而無蟲害的為佳，新鮮的菜多屬生硬。
  - 洗滌—先將包葉老葉摘去，再將泥土洗淨。
  - 燒法—先將水煮沸，然後將切好之菜放入鍋內，並加調味，待水再沸後，即可取食。
- 煎蛋
  - 選擇—買蛋時要辨識蛋的好壞，可向日光或燈光中照看，如係透明，定是新鮮，否則發現斑點或搖之有聲，即係壞蛋。
  - 燒法—先將蛋黃和蛋白調勻，加鹽少許，待盤內油沸後，將攪拌均勻的蛋傾入頻頻攪動，即成為小塊；如欲整塊，則須煎其兩面，不宜多加攪動。

野生植物

- 食用—應就地辨認，用作食料。（各地是不同的）
- 有毒
  - 有毒的植物須特別注意，以免中毒，甚至誤食致死，如毒菌等是。
  - 大部份有毒的植物，會有一種警戒色，會開美花、結美果，帶有激烈的味道或是惡臭，葉莖含有帶色的液汁等特點，即便牲畜們也都能辨識，避而不食。童子軍必須注意。

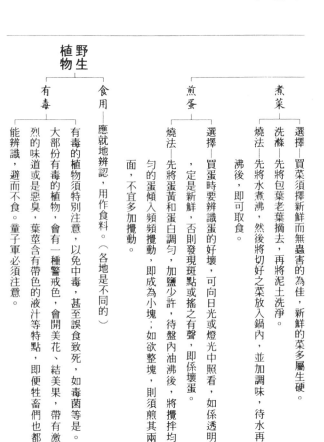

野外炊事可用之其他能源

- 可用能源
  - 酒精
    - 分為固體及液體兩種，僅可供保溫與加熱，或少量煮沸之用。
  - 煤油
    - 煤油爐：直接使用煤油，經爐蕊引油燃燒，可調節火勢。
    - 煤氣爐：使用煤油氣化後燃燒，火勢不易控制。
  - 煤氣
    - 煤氣（瓦斯）分液化煤氣及天然煤氣兩種。野外炊事以液化煤氣分裝鋼瓶引入煤氣爐燃燒烹調。
- 安全
  - 酒精易燃，攜帶應有安全裝置，避免日晒、火烤。引火時應間接點燃，以免火苗灼傷。
  - 煤油：注意爐灶之安全、控制器之嚴密、爐蕊之穩定。油量應控制適度，留意溫度之調節。
  - 煤氣：煤氣容器是否堅固，開關是否靈活，輸送管是否暢通。
  - 煤油煤氣均係易燃物，有爆炸之危險，攜帶應謹慎小心。
  - 以上能源使用不當，易導致火災、中毒，應該特別注意安全。

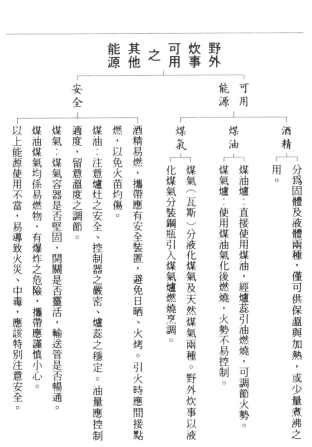

防止野外炊事用火意外

說明

野外炊事用火意外，多由不小心引起，如果未能及時防止、妥善處理，會導致火災，危及生命、財物之安全，因而應特別注意防範。

用火意外

1 炒菜時，不小心令鍋內油脂濺出引火燃燒。

2 爐灶不堅固，烹調時崩塌引起火苗外燒。

3 炊事用火過猛，使柴堆火勢強烈，失去控制。

4 爐火餘燼復燃。

5 不小心之意外火災。

防止方法

1 炒菜油脂著火，可加蓋鍋蓋，使其缺氧自滅。

2 爐灶崩塌，以水或沙撲滅。

3 火勢過猛，抽出柴薪潑水滅之。

4 爐火餘燼復燃，用水撲滅，每次炊事畢，應徹底檢視，確認熄滅。

5 鎮靜處理用火意外，慌張易誤事。

露營須知

意義

- 露營是擴展白晝野外活動延長至夜間的一種活動，可以發展童子軍的作事能力、應用童子軍的各種技能，足以培養青年自發、自動、自治、以及獨立、創造的精神。

種類

- 短期露營
  - 一晚或兩晚的野外露營生活，大都在週末時到近處去舉行。
- 長期露營
  - 一星期以上的野外露營生活，大都利用假期到遠處去舉行。
- 移動露營
  - 露營在山林荒野，營地隨時變更，含有遊歷性質。又名遊行露營。
  - 富有露營經驗的才能舉行。

- 人的問題
  - 童子軍有了乾糧旅行和生火旅行的經驗以後，就可以接續舉行短期露營，參加露營的童子軍，須先徵得家長的同意，有健康檢查的證明，才能參加。
- 財的問題
  - 關於露營所需的費用，分團體和個人兩種，均應先有預算，並有確定的來源，對於財務的管理，事先也須決定辦法。

露營前應有的準備

時的問題

短期的露營可在週末或假期中去舉行，利用餘閒，不致影響學業和原有的工作，對於籌備的時間、起訖的時間、露營的日程和時間的支配，均須先行預定。

地的問題

露營地點對於露營生活關係甚大，須先期調查清楚，注意營地位置、地勢、水源、交通、安全等問題（營地選擇可詳閱參考資料中營地選擇標準），並應商得地主的許可。

物的問題

團體應用的如帳幕、炊具、救護用品……個人應用的制服、背囊、和背囊中應儲放的衣服、餐具、盥洗用具……等均須準備齊全。（露營用品可詳閱參考資料中露營應有設備）

事的問題

怎樣「計劃我們的活動，活動我們的計劃」是預先需要決定的，決定了露營應有的活動，然後可以分配職務，各司其事，這樣，才可以獲得露營生活的圓滿。

到達營地時的工作

分配營地

營地須選擇高燥、平坦、安全、有陽光、能展望的地點。再視人數分配各隊營區及集合、遊戲、營火等地位，各隊間須有相當距離。

架搭帳幕

帳幕

式樣甚多。一般露營多用雙人或半隊屋式帳幕，取其攜帶便利，二人即能架搭，且又四季咸宜。

架法

視地勢、日光、風向、決定位置後，將地面平整。睡處、肩和臀兩部須稍稍挖成凹度，然後先將地布平舖，後將帳幕四角對齊地布，用帳釘釘住，再將四邊及前後樁釘好，待帳柱穿入帳頂扶直後，即將繩扣緊。另一方法，先將前帳柱扶直、釘樁，然後將後帳柱同法豎起也行。

防雨

天氣正常時，可毋庸掘溝；如有天雨預兆，則須視地勢用堤防排水或掘溝導水，以為預防。如用水溝則應注意高低深淺和容量，低窪處須掘積水深潭；以免雨水外溢，影響營地。

樁的釘法

水溝

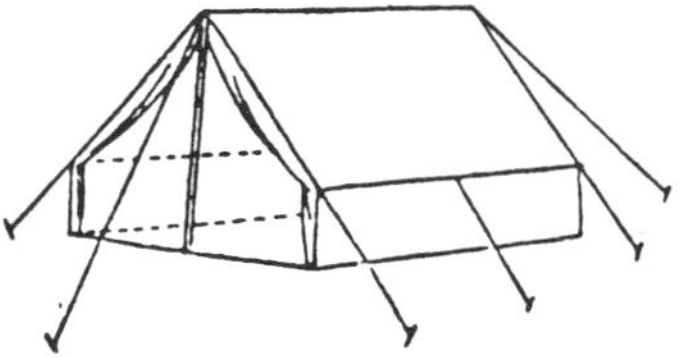

營 露

整理內務

帳幕架起後，即行整理內務，每人所帶之防潮布舖在地布上之後，隨即將睡具整理整齊，背囊安放一處，帳柱間如繫有一繩，可便於睡時懸掛衣服。

築灶

灶應設在帳幕的下風近水處，小隊炊事宜用溝火吊灶，溝火火力集中，則多種炊具能同時使用，可以縮短烹飪時間，實為野外炊事最進步的方法。炊事區應掘有污水坑和垃圾坑，污水坑內填以碎石，坑上用平石板作蓋，僅留一小孔。垃圾坑上則用草墊作蓋，以免招致昆蟲及其他動物。

炊事

炊具食料從背囊取出後，隨即準備炊事，一面取水，一面撿柴，分頭進行，待灶築成後就可生火，從事烹飪。

掘廁所及其他

廁所宜在營地邊緣隱蔽之處，須遠離帳幕及炊事區。大便用長溝，長度視露營時間及人數決定，使用時自一端起至他端，便後隨手覆以泥土，小便用圓坑，坑內塡以碎石即可。此外在營區內應另設一廢物坑，用以儲放營地廢物，位置宜在下風偏僻之處。

須知

工作分配及程序

炊事組				架帳組			
旅行主任	財務主任	伙食主任	副隊長	康樂主任	事務主任	文書主任	小隊長
取柴	取水	炊具食料	築灶	架帳及內務		架帳及內務	
取柴及整潔		炊事		廢物坑		廁所	
				營火用柴			

大便用

小便用

中級階段中野外作業

- 日間
  1. 追踪或潛躡。
  2. 方位辨認。
  3. 採薪劈柴。
  4. 練習炊事。
  5. 刀斧使用。
  6. 繩棍應用。
  7. 旗語通訊。
  8. 自然物認識。
  9. 大地遊戲。
- 晚間
  1. 營火娛樂。
  2. 觀察星座。
  3. 昏夜尋路。

火兒在燒，人兒在跳；

一起歌唱，一起歡笑。

露營結束工作

拔營時

收拾營具——營地上應用的什物，應先收拾起來，加以整理，並且分配各人携帶。

拆卸帳幕——先拔去帳釘，再將帳幕拆下，去除泥灰、草屑、摺疊妥當。

整理營地——水溝灶溝，均應設法塡平，恢復原狀，最好塡得高些，以防日後下陷。一切建設，皆當設法除去，厠所垃圾坑等，要格外注意收拾乾淨，最後須四周檢查一遍。

謝謝地主——拔營離去時，應向地主道謝，這是童子軍露營應有的規矩。

返團後

檢點用品——返團後，應將公私物件加以檢點及整理。

曝晒帳幕——雨後拔營，有的帳幕潮溼，返團以後，應即散開曝晒，乾燥後始可摺疊收藏。

公布帳目——露營前後收支帳目，應於返團後，結淸公佈。

整理日記——露營的日記，應記載詳盡，返團後即行整理，送請團長核閱，備作將來露營生活的參考。

附註：中級童子軍規定須有短期露營三次以上的經驗。

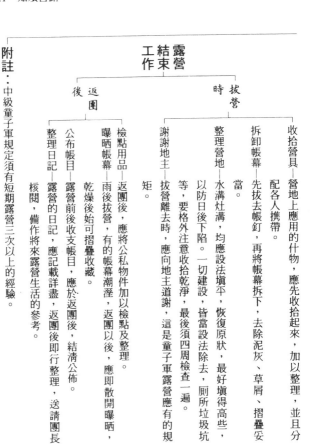

置身在優美的環境中，度着獨立、創造、快樂的生涯。

自然給予人一份困難時，
同時也給予人一份智力。

棍繩

野外炊事用

瓶口結

瓶類攜帶不便，可用瓶口結縛之。結法如圖。

(一)

(二)

袋口結

各種炊事材料用袋，均宜用袋口結縛住。結法如圖。

(一)

(二)

牧童結

此結本來是牧童用來栓馬的，將繫馬的韁繩縛在橫木上，牠是無法拉開的，但抽動繩的B端，就立刻解開。繫船亦可用此結。就是爬樹、登山應用此結，人下來後，仍可把繩子收回。結法如圖。

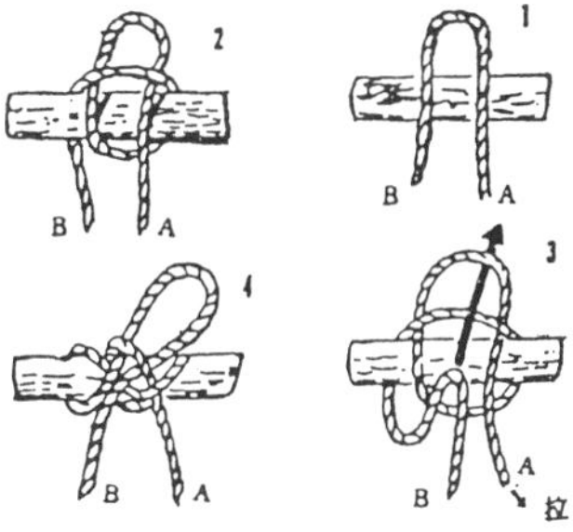

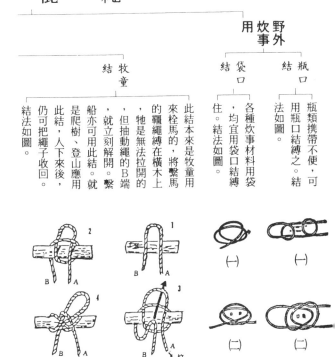

應用

營地建設用

營繩結

營幕四周的營繩，縛在營樁上都用此結。結法如圖。

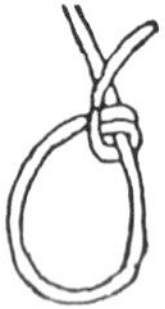
1

2

橫桿結

作繩梯用此結。結法如圖。

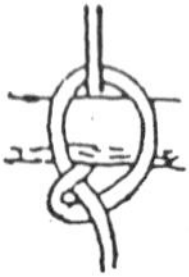

方回結

兩木棍交接時，用方回結使其穩固，凡建設炊事架、工作臺等，需應用此結。結法如圖。

(一)

(二)

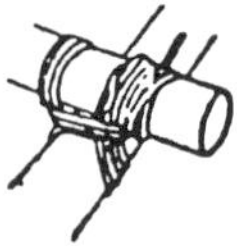
(三)

十字結

兩木棍斜交在中間時，用十字結縛緊，用途同方回結。結法如圖。

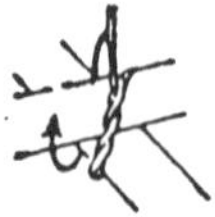
(一)

(二)

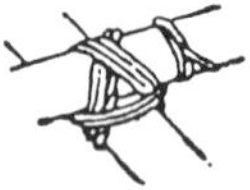
(三)

意義

1童子軍的急救，是準備一旦在野外，自己或同伴遇有受傷時，能夠自行處理。

2有了救護技能，可以增加童子軍行善助人的機會。（在醫生未到前實施的初步急救工作，可以減輕傷害。）

血液循環

大循環

又稱體循環。血液由心臟（左心室）直入大動脈、小動脈、而至微血管，再由微血管而小靜脈、大靜脈、重回心臟（右心房）。

小循環

又稱肺循環。血液由心臟（右心室）通至肺部，使重新清鮮後回入心臟（左心房）。大小循環一次，需時約二十三秒。

微血管流血

狀況

淡紅色的血液，從傷處滲透而出。微血管遍佈全身皮膚表層，所以最易受傷出血，此種出血，傷勢輕微。

止血方法

可先以潔淨的手指，或消毒紗布抵住傷口，使血液凝結，不致再流血，然後塗以消毒止血藥水，上覆紗布，用繃帶或三角巾包好，即奏功效。

狀況

暗紅色的血液，從傷口貫瀉而出，作點滴或線狀流血。靜脈管大部分佈在肌肉外側，接近皮膚，所以易受損傷出血，此種出血，傷勢較重。

急

如何止血

靜脈管流血

止血方法

靜脈管流血，止血藥水不易收效，須應用手術止血。方法在傷口的遠心處行指壓法，或用紗布紮住，阻斷靜脈血的來路。因靜脈血由身體各部迴流至心臟，在傷口的遠心處施以壓力，即能停止其繼續流血，並使傷口易起凝結作用。待血止後，再行敷藥醫治。

動脈管流血

狀況

鮮紅的血液，從傷口噴射而出，血流多且急，甚為危險。動脈管大都深藏肌肉內側，所以動脈管流血機會較少，有則必定嚴重，且往往容易發生休克，傷者的感覺，多不正常。

止血方法

動脈管流血，應使傷者躺下，傷肢抬高，施行手術止血。方法在傷口的近心處止血點（止血點見後圖）用指壓法，或用手巾包堅硬的小物置於脈管上用短棒施行絞壓，阻斷動脈血的來路。因動脈血由心臟流至身體各部，所以須在傷口的近心處施以壓力，直至流血停止為止。傷人應急送醫院求治。

注意事項

1「絞壓法」施行時間，每次至多為十五分鐘，即行放鬆一次。

2此外尚有「曲壓法」。用布裹堅硬物放於肘膝關節處，將上下肢彎曲，用三角巾作8字形縛緊，專止下肢流血。因動脈流血情形嚴重，一般均在上肢中段施壓為有效，所以曲壓法已少應用。

如何包紮

- 三角巾
- 用途
  - 吊腕
    - 下臂或手受傷時用大吊腕。
    - 上臂受傷時用小吊腕。
  - 其他各部包紮如左圖。

三角巾

闊摺巾

狹摺巾

小吊腕

大吊腕

止血點……絞壓處。

動脈流血止血點和絞壓部位

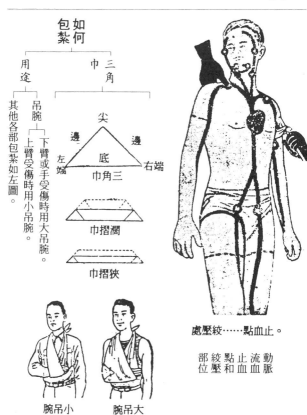

急

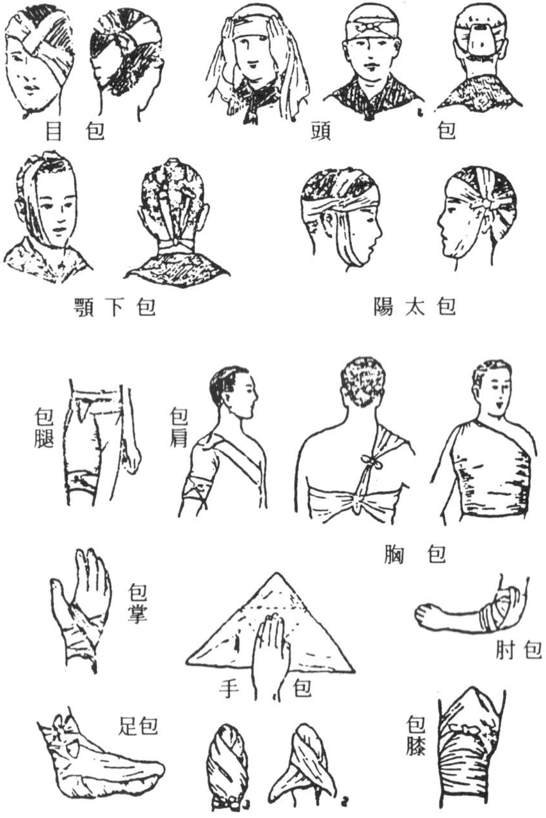

救

常見的幾

燙傷

- 原因—被沸水或高熱度的器物所燙。
- 症狀—皮膚紅腫、劇痛，或起水泡。
- 處置—先以冷水沖洗傷處減低熱度，再塗以凡士林，使與空氣隔絕，如有水泡，則用已消毒的小針刺破，擠出流質，塗以凡士林後包紮之。

火傷

- 原因—被火灼傷。
- 症狀—同燙傷。
- 處置—輕微者治法同燙傷，嚴重者傷處先塗以凡士林後，即送醫院診治。

扭傷

- 原因—足踝常因動作受挫、不順關節運動而發生。
- 症狀—傷處腫脹，不能轉動、劇痛。
- 處置—先用三角巾包紮，不使其震動。回家後脫去鞋襪，用熱敷或冷敷減少其痛苦，並使患處休息不動。

咬傷

- 原因—被蜂、蟻、蜈蚣、蛇或犬……等咬傷或刺傷。
- 症狀—傷處紅腫、劇痛。
- 處置—用阿母尼亞水或碘酒塗之。

(一) 足踝扭傷的處置 (二)

種傷害

如遇被蛇咬傷，應即將傷口上部用繃帶緊紮，毒蛇咬傷處有兩小洞，用刀在小洞上劃成×，擠出毒液，或用口吸出毒液（蛇毒如進胃無妨害，但口腔內須無傷口）。塗以阿母尼亞水後，即送醫院注射。無毒蛇咬傷，擠出血液後，塗以阿母尼亞水，用繃帶包紮之。

如遇被犬咬傷，傷口須用消毒液洗滌後用繃帶包紮。如被瘋犬咬傷，須立即將毒液擠出，使傷口多流血，同時速送醫院注射狂犬苗治療。

鼻出血

- 原因—由於受外力衝擊受傷，或因炎症發生。
- 症狀—鼻腔流血不止。
- 處置—使其安靜、坐下、頭向後上仰、解開衣領，在額部施以冷敷，鼻腔用藥棉醮硼酸水塞住，或用冷水噴面，可使血立止。

微物入目

- 原因—灰沙、塵垢、飛蟲、毛髮等進入眼簾。
- 症狀—目不能張，充血流淚，頗感不快。
- 處置—微小的異物，可用加速眼球的轉動，用力上下眨眼，使其順淚流出。另一方法，將眼皮輕輕翻起，猛吹數次，用藥棉抹去異物。事後可用硼酸水沖洗一次。

異物入目的處置

效用

中級訊號是双旗語通訊，在望得見聽不到的場合，可以旗傳語，互通消息。

中文數碼旗語最簡易學，可作爲學習旗語的初步。

語旗

尺寸—四公寸見方兩面。

質料—旗紗最佳，布質次之。桿用木製。

顏色—紅白拼合，或藍白拼合均可，但須視背景選用。

旗式

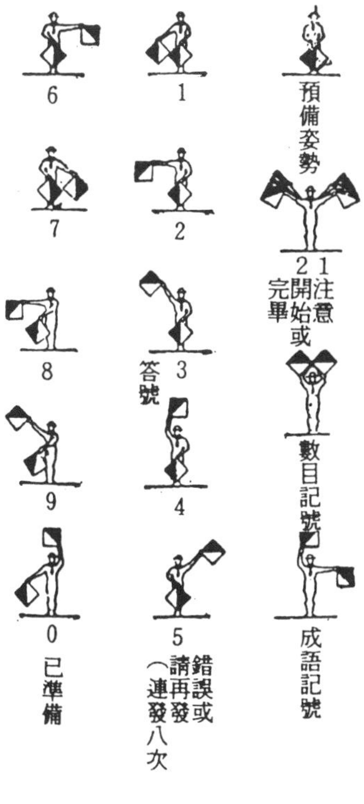

碼數

練習要點

站立姿勢

發旗人須正對收信人直立，兩足半開立，以求穩定，兩目注視對方，站立地位宜高，背景必須勻淨。

執旗方法

兩手各執一旗，旗桿與臂須成一直線，用食指壓於桿上，頭部及上身須保持正直姿勢。

旗式角度

雙旗語以角度為標準，旗式必須絕對正確，並須在一平面上，勿用力過度，致旗揮向體後。上舉時，更宜注意手臂伸直，且不可遮蔽視線。

發旗動作

發旗動作要爽捷，不可遲疑和猶豫不定，並須注意前後速度，務求一致。

旗的移動

旗到某一個位置時，應稍停留，然後再發旗。連發同一旗式時，須收旗再發，如「88」或「99」則兩旗互換位置。連發不同樣的旗式，像「10」之類，右旗既在「1」位，不必收回，即將左旗向上直舉，使成「0」旗式。如先「0」後「1」，則兩旗成「0」旗式後，收回左旗，留存右旗在「1」的位上即行。

語旗

通訊方法

1練習通訊，雙方必須有相當距離，至少彼此言語須不能通達。

2電碼旗語通訊，每站須有兩人。發訊站一人擔任讀信，一人擔任發信，收訊站一人擔任收信，一人擔任錄信。

3通訊時發方先用「開始」旗式通知對方，見「已準備」旗式回覆後，即可開始通訊。

4如收方尚需準備，則用成語「稍候」回覆，發方可用「答號」表示知道。發成語前後，均須用「成語記號」旗式，表示成語開始或成語完畢。

5收方準備就緒，即用「已準備」或「注意」旗式通知發方，發方再發「開始」旗式，待收方「答號」後，開始通訊。

6發方應先將信稿譯成電碼，每字以四位數目成一組，依次發出。每組發完後，即回復至「預備姿勢」成一單元。收方即覆以「答號」一次，表示收到。發數目字時，前後均須用「數目記號」旗式表示，用法同成語記號。

7收方如對所收旗式看不清或有疑問時，可用「請再發」旗式通知對方，發方即以「答號」回覆收方，再將一組電碼重發。如係數目字，則祇須將一個數字重發。發方如發覺所發旗式有錯誤時，即用「錯誤」旗式通知對方，方法同請再發。

8通訊完畢，發方用「完畢」旗式通知對方，收方檢視無誤後，即回覆「答號」旗式，表示收到。

成語

- 111句號（。）　7逗號（，）　97問號（？）　11你是誰
- 39速來或回營　127稍候暫停　27快發　25慢發
- 126全信已完　26信完全收到　72再會

附註

電碼有兩種：一為舊式的電報號碼，一為新式的電腦號碼；後者是最科學的，能見字識碼，十分方便（王安電腦公司所提供），請參閱本書後新增資料部份。

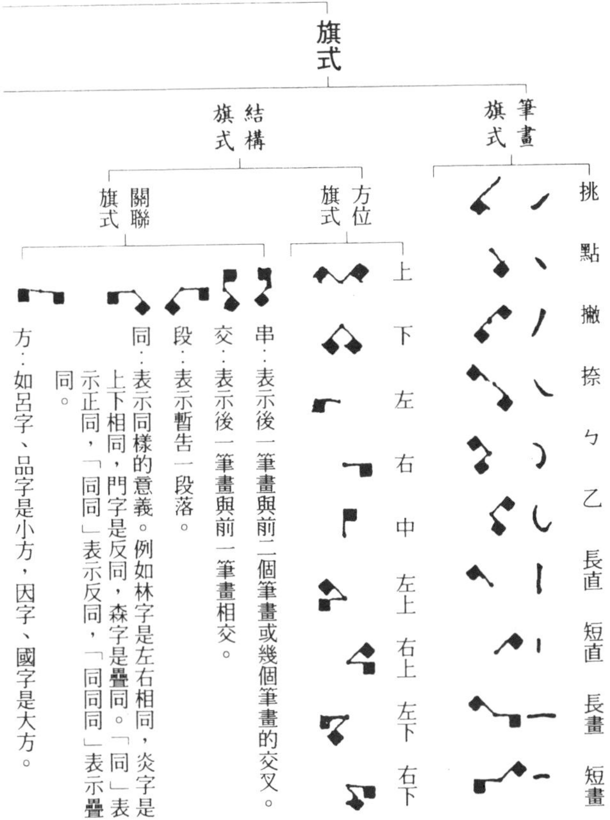
旗式
筆畫旗式
結構旗式
方位旗式
關聯旗式
挑
點
撇
捺
ㄅ
乙
長直
短直
長畫
短畫
上
下
左
右
中
左上
右上
左下
右下
串：表示後一筆畫與前一個筆畫或幾個筆畫的交叉。
交：表示後一筆畫與前一筆畫相交。
段：表示暫告一段落。
同：表示同樣的意義。例如林字是左右相同，炎字是上下相同，門字是反同，森字是疊同。「同」表示正同，「同同」表示反同，「同同同」表示疊同。
方：如呂字、品字是小方，因字、國字是大方。

筆畫

旗式	簡號
	數目：表示數目字的開始及結束。（數目旗式同電碼旗語）
	錄：分正錄與照錄兩種。「錄」表示正錄，「錄錄」表示照錄。

1 每打一個筆畫，必先說明那一筆畫的方位是在那裏。

2 後一筆畫必須隨著前一筆畫去裝置；第二筆畫以前的方位，是指第二筆畫與第一筆畫的關係；第三筆畫以前的方位，是指第三筆畫與第二筆畫的關係；第四筆畫以前的方位，是指第四筆畫與第三筆畫的關係，而與第一筆畫或第二筆畫不發生什麼關係。

3 每一個字裏的各種旗式，必須勻稱地連接起來，後一旗式沒有準備好，前一旗不能收回，除非一個字已經完了。

4 每打一個字，第一個旗式並不是方位旗式，而開頭便是「方」，那麼這個「方」是大方。

5「段」以後的方位，並不指那一段落裏最後一種筆畫而言，却是指那整個段落而言。

語　旗

方法摘要

6在說明後一筆畫同前一筆畫的關係時，如果一個結構號不夠，就應該再加一個結構號來補充。

7凡是二個以上筆畫的連發，每一筆畫以前的方位，如果完全相同，那麼，單單用了開頭一筆的方位號也就夠了。

8連筆的習慣如!!!!是自左而右；如是彡三二自上而下；ノ㇏㇕㇄因不常有連筆，暫不規定。

9凡是「小」字之類的旗式，應當是中亅左右、比較中亅左、右更好。這不但是簡省旗式，而且可以避免像「川」那之弊病。

10遇到「黎」字，「康」字之類的「氺」旗式是左右、、。

11遇到「添」字，「恭」字之類的「小」旗式是左右、右、。

12凡是左右ノ、乃是材、橋、程、糧、耗、彩之類時偏旁，表明「丨」之左右有「ノ」和「、」。

13可以省去方位旗號的有下列各種：連　連方位　連筆　大方　標點

14標點旗式：（常用的）

句號。「挑」　逗號，「點」　問號？「ㄅ點」　乙括弧（「乙乙乙」

ㄅ括弧（「ㄅㄅㄅ」　連號—「短畫」　重複κ「短畫短畫」

未盡號……「挑挑挑」

15凡與筆畫旗式有衝突的旗式，如數目旗式等，必須於數目旗式之前後，各發一個數目號來表示起訖。

三三

代語

發信—連續撇捺　請發—挑　停止　暫緩—短畫

你是誰—方上　看不清—捺　錯誤—捺捺

移左—左　移右—右　移上—上

移下—下　一節完了—段　一信完了—段段

請來—長直ㄅ　再會—點左

附註

1筆畫旗語係童子軍先進劉澡先生發明。

2策劃旗語不是必修科目，列入本表解供有興趣學習的童子軍參考。

- **意義**
  - 1 實踐童子軍的諾言。（誓詞第二條及規律第三條）
  - 2 童子軍行善助人的擴大行為。
- **服務**
  - 對於童子軍的
    - 小隊服務
      - 1 盡力使本隊成一個最好的小隊。
      - 2 服從本隊的各種決議。
      - 3 協助隊長工作。同志間互相合作。
      - 4 準時出席小隊集會及各種小隊活動。
    - 團部服務
      - 1 聽從團長指導。
      - 2 參加團的各種活動。
      - 3 協助處理團內工作。
      - 4 努力爭取本團榮譽。
  - 對家庭和學校的
    - 家庭服務
      - 1 自己的事，儘量自己去做。
      - 2 閒暇時，分擔家長的操作。父母外出時，接待來訪的賓客。
      - 3 看顧弟妹，指導他們溫習功課，或領導遊戲。
      - 4 盡力使家庭充滿愉快的空氣。
    - 學校
      - 1 服從師長教導。
      - 2 保持學校環境衛生。

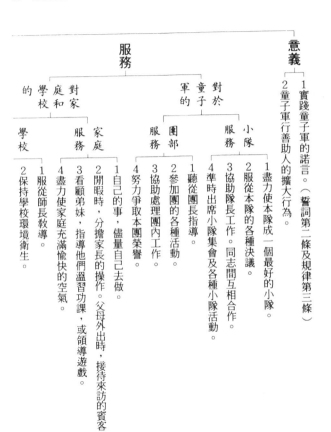

會社

服務工作

服務

3 維護團體良好秩序。

4 努力增進本校名譽。

1 火警服務

鄰居或附近發生失火情形，應立即報告警察，或電話通知消防隊施救，並協助其救火及維持火場秩序。

2 盜警服務

遇有盜警，應注意盜匪面貌服裝特徵，以及所乘車輛的號碼，可潛行跟踪，以便提供治安機關偵緝破案。

3 風災服務

當地遇颱風成災時，應即往受災地區救助傷人，或協助警察維持交通秩序。（震災服務時同）

4 水災服務

當地如發生水災，應即往災區，設法將受難人移轉至安全地帶，並與地方當局連絡，從事善後。

5 空襲服務

遇有敵機空襲，應指導民衆躲避，勸告熄滅燈火，同時注意歹徒乘機活動，如有發現，即向治安機關報告，空襲後災區有火警死傷情事，應協助救火救傷，維持秩序，照顧災民等工作。

服務

提要

6 救傷服務

見人受傷時，應立即施救，並設法送往就近醫院救治，如因受車禍傷害，應勿使肇事車夫逃逸，或記住其車牌號碼，告知警察。

7 救溺服務

遇有人落水，有救生能力的應即下水拯救，否則應設法呼救，務使不因時間過久，致無法救治。

8 集會服務

規範大的集會，恐軍警不易顧及各處，致影響社會秩序時，各團童子軍，可聯合組織服務團，協助維持會場秩序，但必需先事聯繫，詢明服務範圍，分配年長的童子軍前往輪流服務。

9 其他服務

凡有利於國家社會的工作，在不影響兒童本身學業和工作時間，且在兒童的能力範圍之內，均應盡力服務。對於國家發起的各種救國運動，更應以全力從事服務。

附註

1 童子軍服務精神的優美，在自發自動、見義勇為、有始有終、分工合作、服從守法、禮節週到，而且不受酬、不居功、不求人知、不求人譽。

2 童子軍不為人捐募金錢，或作商業性的服務活動，更不為人利用去做出殯送喪、迎賓送客、和在行列上、會場上作點綴裝飾。

服務記錄

紀錄項目 / 區分	家庭	團部	學校	社區
日期				
時間				
場所				
服務任務				
績效				
團長認可簽名				

小隊工作分配

職務	工作
小隊長	主持小隊集會，領導小隊活動，出席隊長會議，轉達團長的命令和隊員的意見等。
副隊長	協助小隊長處理隊務，如小隊長因事不能出席時，代理小隊長職務。
文書主任	記載隊員進度，統計出席勤惰，調製小隊紀錄，整理各項報告，保存小隊文件和編輯小隊刊物等。
財務主任	管理銀錢出納，計劃小隊生產，及辦理隊員儲蓄、保存小隊賬據等。
事務主任	保管小隊用品，調查用具數量及價值，修理破損用具，採購一切用品和佈置小隊室等。
旅行主任	調查名勝區域，交通路線，擬具旅行計劃和找尋露營地址，並調查營地附近警察局醫院之所在地及電話號碼。
伙食主任	調查隊員食量，製定小隊食譜，記載食物製法，調查食物價格和注意飲料清潔等。
康樂主任	領導小隊遊戲、唱歌、歡呼，設計小隊遊藝表演和主持清潔衛生等。

營地選

項目＼狀況	1 位置	2 排水	3 地質	4 地面	5 樹木
理想	荒外山林地	向多方面排水	堅實之砂土	良好草地	原始林
良好	野外	向二方面排水	砂土	耕地	樹齡在二十年以上
可用	郊外	排水緩慢	有砂礫	有刈株	幼木
不可	市梢	溢水危險處	黏土質	雜草	灌木叢
最壞	人烟稠密地	濕地	黑土堆土	裸地	無

擇標準

6 地形	傾斜微	傾斜5-8%	傾斜12%	平地	過於傾斜
7 水源	近有良好泉水	近有溪水	近處有水可取	太遠	無
8 游泳	水潔安全且有沙灘	水潔安全深度適宜	深度適宜無危險	水深緩流	深淵急流
9 燃料	有枯木可伐	有枯枝可取	有燃料可拾	不易撿得燃料	缺乏
10 公眾	無人	親切的本地人	行樂者	遊手好閒者	不親切的人
11 害物	無	極少發現	有害物少發現	有刺人動物	蚊
12 交通	可利用交通工具且費用節省	短距離步行或乘車	車行及步行	要長途步行	要步行極長之途程

露營應

關於個人攜帶的	
必備品	隨意的
一、制服一套 二、背囊一個—內裝五個布袋及其他個人用品。 1衣服袋—內有內衣一套、絨線衣一件、襪子一雙、手帕二塊、睡衣一套。 2盥具袋—內有牙膏、牙刷、毛巾、肥皂連盒，梳及小鏡一面。 3餐具袋—內有飯碗、湯碗、菜碟、湯匙、茶匙、筷子及餐布等。 4修補袋—內有針、線、別針、鈕釦。 5鞋　袋—內有鞋一雙。 6其　他—防潮布一條（至少二尺半濶六尺長）、絨毯兩條、雨衣一件、漱口杯一隻、手電筒一個、小刀一把、繩子一條、火柴一盒、繃帶一捲、語旗一付、以及筆記用具。	照相機、樂器、地圖、指南針、手工用具、童子軍參考書、水壺、斧等。

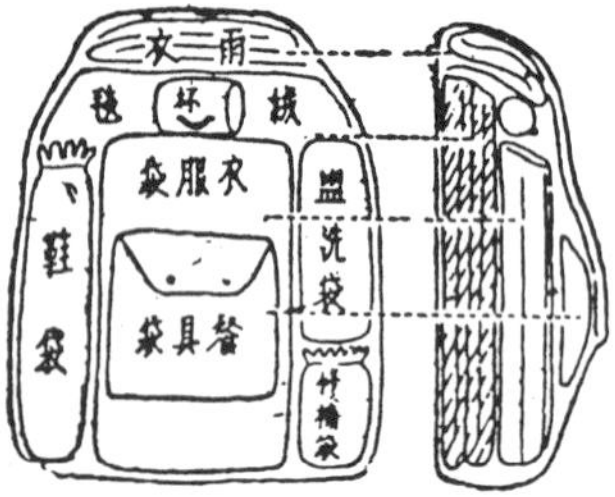

（連小隊用品總重量不超過二十五磅）

有設備

關於小隊攜帶的

架帳組用品

一、帳幕（半隊帳兩頂或雙人帳四頂）
二、帳釘袋二個或四個（內裝所需帳釘）
三、帳柱（可以拆開的）
四、營燈二盞或四盞（可以摺疊放置臘燭）
五、地布兩塊或四塊
六、鏟及斧頭各一把
七、粗繩兩條或四條
八、急救用具一套
九、刷鞋袋一個（內有鞋油、油刷、擦鞋布）
十、修補袋一個（內有小塊帆布、磨刀石、別針、大針、綱鉛絲、麻繩）

炊事組用品

一、炊事器具二套分裝兩個布袋（六升容量鍋二個，四升容量鍋二個，煎盤二個）
二、鏟子及斧頭各一把
三、帆布水桶二隻
四、帆布水盆二隻
五、廚具袋一套（內有菜刀、擦碗布、湯勺、開罐刀等）
六、糧食袋若干個（分儲各種食料用）
七、瓶或罐四個（分裝油、醬油、鹽、糖用）
八、急救用具一套
九、天幕一塊
十、桌布一塊

（由小隊內八人分擔總重量不超過二百磅）

（說明）：短期露營用本表所列設備已夠用，如帳幕無紗門，則須帶蚊香一盒，注意放置之安全。

露營用品分帶法

架帳組		炊事組	
小隊長	文書主任	副隊長	伙食主任
一、一頂半隊帳。 二、一把斧頭。 三、一套急救用具。	一、一頂半隊帳。 二、一把鏟子 三、一個刷鞋袋。	一、兩鍋一煎盤，裝成一袋 二、一塊桌布。 三、若干個糧食袋。	一、兩鍋一煎盤裝成一袋。 二、一個廚具袋。 三、若干個糧食袋。
事務主任	康樂主任	財務主任	旅行主任
一、一塊地布、帳柱及帳釘。 二、一盞營燈及蠟燭。 三、兩條粗繩	一、一塊地布、帳柱及帳釘。 二、一盞營燈及蠟燭。 三、一個修補袋。	一、一把鏟子。 二、一個帆布水桶，一個帆布水盆。 三、若干個瓶罐及糧食袋。	一、一把斧頭。 二、一個帆布水桶，一個帆布水盆。 三、一塊天幕。

炊事需用材料

品名	一人一日所需量	小隊（八人）一日所需量	時價調查	附註
米	一市斤四市兩	十市斤		三餐飯計算
油	一市兩	半市斤		如有肥肉可減少
鹽	半市兩	四市兩		
醬油	半市兩	四市兩		
肉或魚	四市兩	二市斤		
蛋	一個	八個		
豆類製品	四市兩	二市斤		
青菜	半市斤	四市斤		各種蔬菜合計數
其他	如奶粉白糖及餅乾等以備每日下午點心之用。柴可在野外撿取，不入表內。			

隔宿露營日程（舉例）

日期	時間		活動節目
第一日（星期六）	下午	二·〇〇	集合，小隊長檢查各小隊。
		二·一五	出發至露營地點。
		三·一五	到達營地，擇定架帳及炊事地位。
		三·三〇	架帳炊事兩組開始營地建設。
		五·〇〇	煮晚飯。
		六·〇〇	晚飯，收拾。
	晚間	七·〇〇	休息。
		八·三〇	營火會。
		九·三〇	營火會結束，熄滅火爐，散會。
		一〇·〇〇	熄燈，安睡到天明。
第二日（星期日）	上午	七·三〇	起身，煮早飯，鋪床，整理內務。
		八·一五	早飯，整潔營地。
		八·四五	整理帳幕。
		九·一五	小隊長及團長檢閱帳幕。
		九·三〇	出外，自然研究、課程遊戲、技能比賽等活動。
		一一·〇〇	開始煮飯。
		一二·〇〇	午飯，收拾
	下午	一·〇〇	休息。
		二·〇〇	開始拔營。
		三·〇〇	檢查營地，向地主道謝辭別。
		三·三〇	起程返團。
		四·〇〇	散隊，回家。

應用訊號

中國童子軍第三次全國大露營時規定

童子軍準備（號帽）

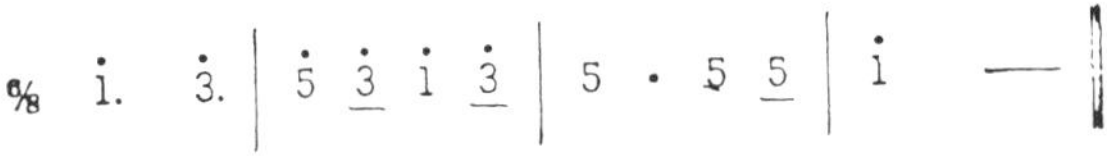

集合

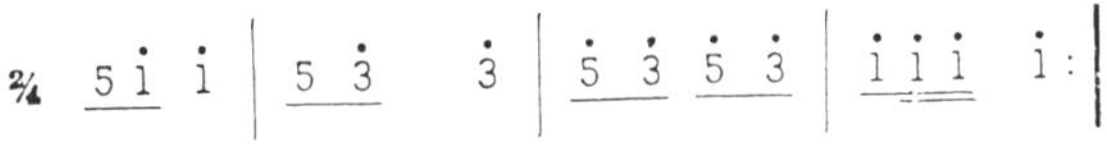

領隊集合

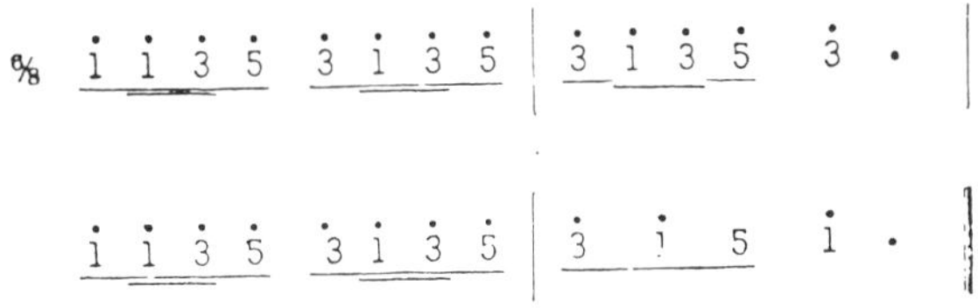

註：團露營時領隊指團長，聯團露營時領隊指團長，省區及全國大露營時領隊指各單位領隊。

升旗

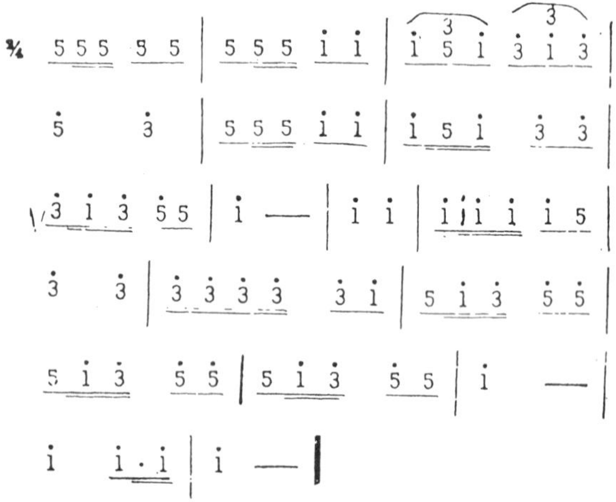

降旗

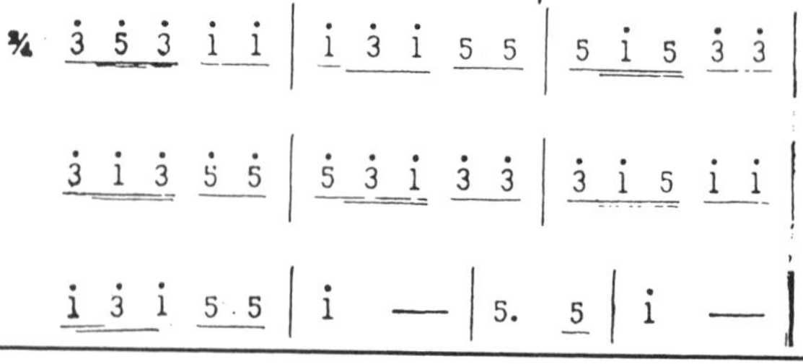

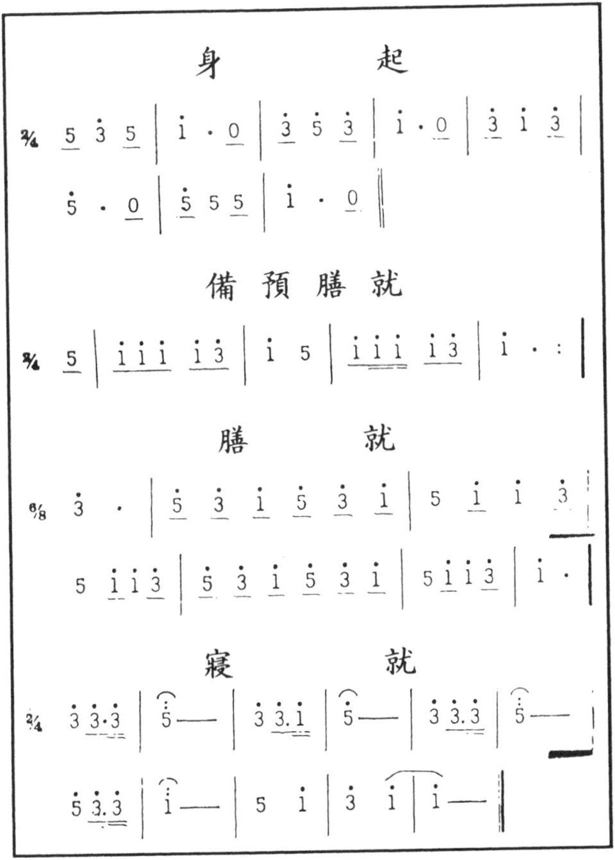
身 起
備 預 膳 就
膳 就
寢 就

熄燈

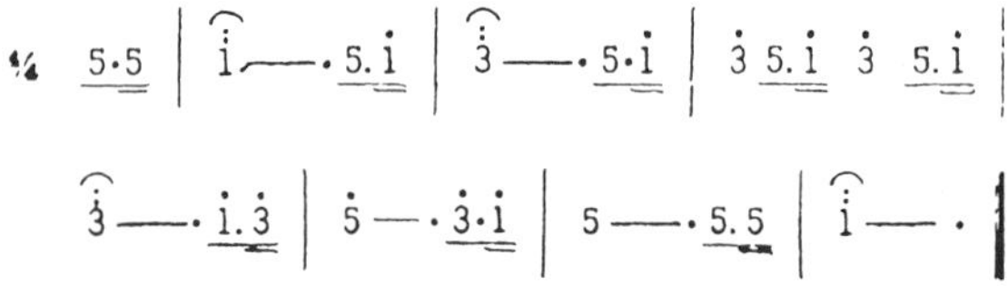

注意佈告

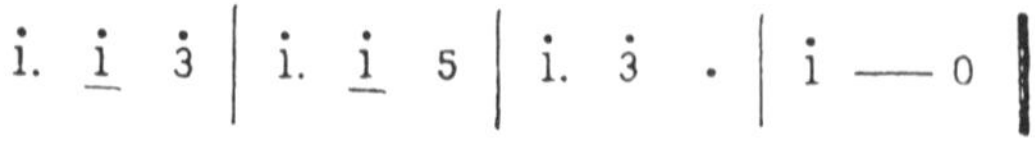

警告

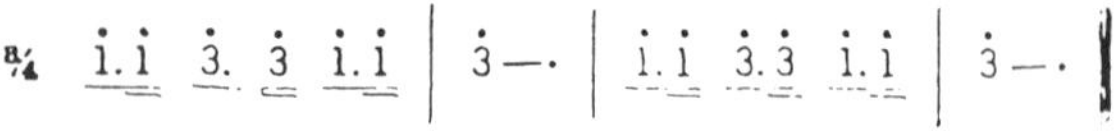

拔營滅跡

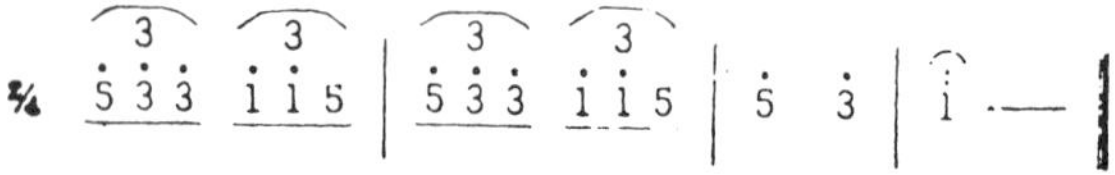

高級

童子軍表解

中華書局印行

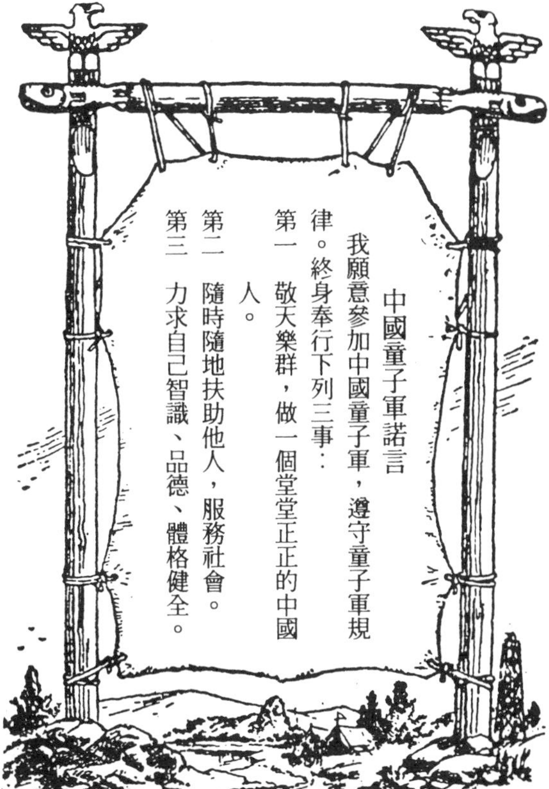
中國童子軍諾言
我願意參加中國童子軍，遵守童子軍規律。終身奉行下列三事：
第一　敬天樂群，做一個堂堂正正的中國人。
第二　隨時隨地扶助他人，服務社會。
第三　力求自己智識、品德、體格健全。

中國童子軍規律

1 誠實 為人之道，首在誠實，無論做事、說話、居心、均須真實不欺。

2 忠孝 對國家須盡忠，對父母應盡孝。

3 助人 盡己之力，扶助他人，每日至少行一善事，不受酬、不居功。

4 仁愛 待朋友須親愛，待眾人須和善，對生命要尊重，對社會要關心，對大自然要維護。

5 禮節 對人須有禮貌，凡應對進退，均應合乎規矩。

6 公平 明事理，辨是非，待人公正，處事和平。

7 負責 信守承諾，克盡職責，遵守團體紀律，服從國家法令。

8 快樂 心常愉快，時露笑容，無論遇何困難，均應處之泰然。

9 勤儉 好學力行，刻苦耐勞，不浪費時間，不妄用金錢。

10 勇敢 義所當為，毅然為之，不為利誘，不為威屈；成敗在所不計。

11 清潔 身體、服裝、住所、用具須清潔，言語須謹慎，心地須光明。

12 公德 愛惜公物，重視環保，勿因個人便利，妨害公眾。

童子軍表解（高級）目次

「準　備」

「日行一善」

「人生以服務為目的」

路之級高

晉級

初級童子軍受中級訓練，經考驗完全合格後，便晉升為中級童子軍；做了中級童子軍之後，就可走上高級之路。等待高級進程經考驗完全合格後，即可晉升為高級童子軍。

怎樣做高級童子軍

1 童軍精神

能在日常生活中實踐童子軍諾言規律與銘言，能健全自己、影響他人勤勞節約，刻苦自勵，協助虔敬集會。

2 群體生活

能在小隊集會、團集會、野外活動和各種作業中發揮領導才能，主動服務、訓練一人爲初級童子軍，知道社交及國際禮儀國際童子軍組織調查公害。

3 童軍技能

除上列各項外，高級童子軍應有高級「急救」「訊號」「露營」「手工藝」「工程」「製圖」「觀察」「運動」「電腦常識」等各項能力（詳見後列各表）。

附註

中級童子軍得隨各人的興趣、嗜好、自由選習專科章，惟以四種為限。至高級訓練完全合格後，則不受限制。專科章顧問可由地方中國童子軍會（亦可由團長或家長）商請社會上各種專家擔任指導，自行研習。

童子軍

童子軍運動的性質

- **國家性**：遵照全國童子軍最高組織的指導原則（總會章程上所規定），培育健全有為的國民。
- **國際性**：因為公認童子軍友誼沒有國的界線，是國際活動。
- **世界性**：參加世界童子軍組織，採用貝氏提倡之童子軍方法，並依世界會議及世界大露營方式，連絡國際友情，促進世界和平。
- **機構**：世界童子軍事務處（或稱世界童子軍總會）早於民國九年（一九二〇年）成立，現該處設在瑞士，我國於民國二十六年正式加入，計現有會員國一百三十五個國家或地區。
- **世界會議**
  - **目的**：本互助合作的精神，促進童子軍原理原則的統一，並發揚四海之內皆兄弟的精神。
  - **會期**：原為每兩年舉行一次，卅屆會議決定改為每三年舉行一次，各國出席代表六人（一國內如有幾個總會則名額平均分配），共同商討各種有關童子軍問題及接納新會員國入盟等事宜，並選舉十二位委員組織委員，委員任期六年，主席、副主席則每三年改選一次。執行會務。（已更名為世界童子軍領袖會議。）
- **世界大露營**
  - **目的**：使全世界各地童子軍有聯誼的機會，互相結交認識，化除種族、國界、宗教及階級觀念，增進童子軍兄弟情誼，促成世界永久和平。
  - **會期**：每四年大集會一次，名稱JAMBOREE（健普利）。各國童子軍遣派代表參加，人數不受限制，輪流在各國名勝之地舉行。

與國際

國際組織和活動

第一次民國九年在英國舉行

第四次民國二十二年在匈牙利舉行

第七次民國四十年在奧地利舉行

第十次民國四十八年在菲律賓舉行

第二次民國十三年在丹麥舉行

第五次民國二十六年在荷蘭舉行

第八次民國四十四年在加拿大舉行

第十一次民國五十二年在希臘舉行

第三次民國十八年在英國舉行

第六次民國三十六年在法國舉行

第九次民國四十六年在英國舉行

第十二次民國五十六年在美國舉行

童子軍

世界各國童子

宗旨

- 建立良好品格。
- 培養健全公民。

組織

- 各級組織由下而上，是民有、民治、民享的社會團體。兒童志願加入，個別宣誓，都是自發自動的。團內注重小隊制度。每團以四小隊為準（超過三十二人時，則須另成一團）。
- 鄰里、會社、工廠、學校、均可組織。

第十三次民國六十年在日本舉行

第十四次民國六十四年在挪威舉行

第十五次民國七十二年在加拿大舉行

第十六次民國七十六年到七十七年間在澳大利亞舉行

第十七次民國八十年八月八日至十六日在韓國雪嶽山舉行

第十八次民國八十四年八月一日至十一日在荷蘭夫萊福蘭德省舉行

與國際

軍共同準則

活動

利用休閒時間舉行集會、活動。提倡野外生活（旅行與露營），實施榮譽制度（設有激勵前進的徽章，並維護制服的榮譽），注重個性發展，給予各人自動自進的機會。

自由世界與極權國家的分野

自由世界

自由民主的國家，積極提倡童子軍運動，並竭力扶植其獨立自營，尊重人權、倡導民主、與各國童子軍同一步趨，鼓勵童子軍愛國家、愛民族、促成世界和平、人類大同的崇高理想。

極權國家

極權獨裁的國家，對民主自由的童子軍運動不容存在。他們以強迫性、奴役性、軍事性、政治性、自上而下組訓方式，促使青年、少年、兒童們供其犧牲和驅策，他們蔑視個性、不顧人權，以共產主義為號召，破壞和平，從事侵略，基於歷史上侵略必敗，暴力必亡的事實例證，這些國家必將崩潰無疑。

附註

1 國際童子軍節—四月二十三日（童子軍聖保—佐治生日）。

2 女童軍係另一團體，世界女童軍總會設於倫敦。

童子軍虔敬集會（Scout's Own）

認識虔敬集會

1 虔敬集會是崇拜上蒼，敬天樂群，潛移默化地促進童子軍實踐諾言，遵守規律的集會，不是宗教禮拜的代替活動。

2 使童子軍由衷感到神的存在，崇敬神的真誠，終於自動自發的實踐童子軍諾言、遵守童子軍規律、牢記童子軍銘言、發揮童子軍精神。

3 童子軍虔敬集會是由童子軍主持的儀典，非牧師、神父、僧侶、道長所領導的宗教參拜，絕對自願，不強迫童子軍勉強參加。

4 虔敬集會可在任何時間舉行，如團集會、小隊集會、露營期間的早晚集會均可實施。

5 每次虔敬集會應設定一項主題，如勉勵、祝福、祈求、反省、感恩、慶賀等。

童子軍虔敬集會的舉例

1 開會詞（團長引導全體注意力集中的感性話）。

2 唱歌（由隊長們事先選定與本次集會主題相關的歌）。

3 朗誦規律（一名童子軍領導，全體跟著複誦）。

4 對遵守規律的反省（一名童子軍作自我反省詞，全體默默反省）。

5 歌唱（由隊長們在隊長會議選定與實踐規律相關的歌）。

6 對上蒼的祈禱（一位童子軍輕聲唸祈禱詞，全體默默思索）。

7 朗讀修身格言（或講規律故事），由一位隊長主持。

8 為全體祝福的祈禱（團長主持）。

9 唱歌（祝福祈福的歌曲）。

10 閉會祝福詞（團長勉勵與感恩的話）。

（此例僅供參考，絕非全單照做）

調查團部所在地的公害

有何公害		
防治方法	小隊討論結果	
	請教團長、副團長	
	求教環保局	

急

意義

高級急救是繼續中級急救學習更複雜的急救方法，以增進助人的技能。

病人的診察

知覺

沒有疾病的人，除熟睡之外，知覺必定是完全的。他能夠知道四周的事物，而對視、聽、嗅、味、言語、動作等作用，也都是完全無缺的。至於患病或受傷的人，往往因其病症，或所受傷害的輕重，失去知覺的一部份。

氣色

沒有疾病的人，他的皮膚通常呈現淡紅色，精神活潑，目光敏銳。若是有疾病的人，常覺精神不振、目光遲鈍，而皮膚的顏色，不是深紅色，就是蒼白。

呼吸

常人呼吸平穩，胸膛上下張合，頗有秩序，每分鐘為十六次至二十次，平均約十八次。即脈搏四次、呼吸一次。有病的人，呼吸或勢重聲洪而緩，或弱而速（兒童的呼吸較成人為速，每分鐘增多十次至二十次）。

救

骨折

原因——體內骨骼因受外來的暴力或由於跌撲而破裂，甚致於折斷。

種類

1 閉鎖性骨折——骨折而皮肉並不受傷。

2 開放性骨折——骨斷而皮肉亦受傷破裂，成了創傷。

閉鎖性骨折

開放性骨折

症狀

1 折肢完全失卻效用。

2 傷體變形，傷處浮腫劇痛。

3 摸在傷處有碎裂聲音。

處置

1 骨折施救，不論該處是通衢大道，或距離安全地方甚近，總以包紮妥當，使傷肢固定後，方可移動。如在危險的地方，那麼就須小心的移動。

2 骨折最要注意的，勿使單純骨折變為複雜骨折。

3 如傷者發生休克，應設法使其溫暖，給以開水，使其甦醒。

4 要小心地、輕輕地置放受傷部位在自然的位置。

5 如為複雜骨折，骨骼伸出皮外者，切勿牽直。

6 四肢骨折，須以夾板用三角巾紮緊，但勿宜過於太緊。

7 夾板須堅硬、長短宜適度、板上須舖以棉花。先紮傷處上部，再紮傷處下部。

8 傷肢勿使動搖，用三角巾綁住。

9 用擔架搬運送往醫院診治。

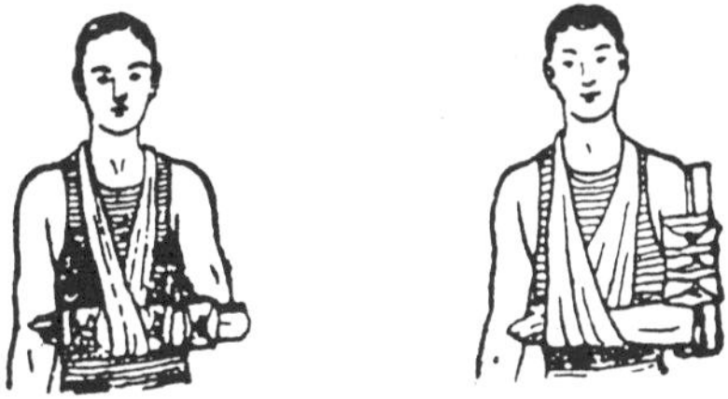

上肢骨折救護法

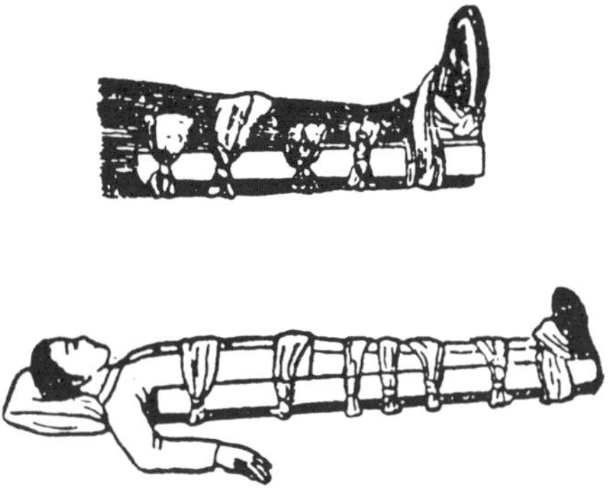

下肢骨折救護法

急

脫臼

原因

關節處的骨骼受了外力，以致韌帶伸直。

寬放，使它離開了原位。

症狀

1 傷處痲木腫痛。

2 官能障碍或動作限制。

3 關節變形與平時不同。

4 傷肢下垂或上縮。

處置

1 傷在上肢速用三角巾吊腕，傷在下肢則用夾板保護（參看骨折紮法）。

2 如傷處發生劇痛，施用冷罨法，用冷水或冰袋放在傷處。如果仍不能減少痛苦，就改用溫罨法，用熱水溫暖傷處，一面速請醫生救治。

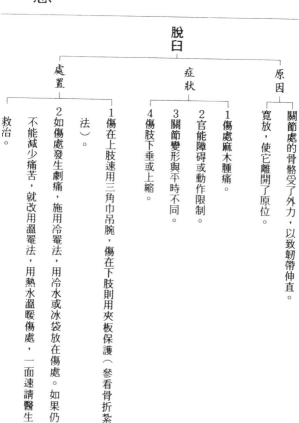

救

昏暈

原因

有人神經受了重大的刺激而昏厥倒地，有的因身體衰弱站立過久，還有因飢餓、氣悶、惡臭、驚恐等均能發生昏暈，主因是腦貧血。

症狀

面色蒼白，或出冷汗、眩暈、惡心、嘔吐等現象發生，甚至不省人事，那時瞳孔散大、體溫減低、脈搏細微，呼吸淺緩。

處置

1 令其臥下，頭部略低、兩腿提高，使血液迴流至腦部。

2 鬆寬衣服，使其呼吸自由，獲得新鮮空氣。

3 給以提神劑如白蘭地、濃茶等，輕者，稍稍休息即可恢復原狀，重者應請醫生診治。

急

中暑

原因

炎暑中工作過久，或因悶積於體內，缺乏飲料，致發生中暑。

症狀

患者感覺口渴、身體疲勞、頭痛目眩、全身發熱、呼吸困難、脈搏頻數、體溫增高，目呆、出汗、眼珠向上。如不救治，則全身痙攣強直、瞳孔放大、面呈紫色，口吐泡沫而死。

處置

1 移患者於陰涼通風處，使上半身稍高。

2 寬鬆衣服，用冷水灌注其頭部，並給以多量冷水飲料。

3 使患者靜臥。

4 必要時，施行人工呼吸。

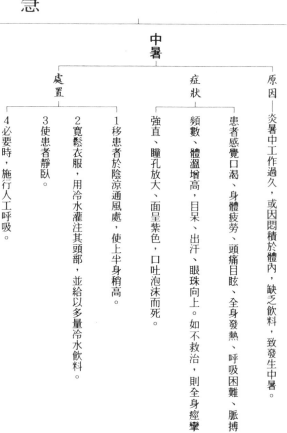

救

麻醉物品中毒

- 原因——如服過量的酒、嗎啡、鴉片或安眠藥等。
- 症狀——精神萎靡或狀態興奮，意識模糊或完全消失，體溫降低，呼吸迫促，脈搏微弱，甚至心臟麻痺。
- 處置
  - 1 酒精中毒者，輕者飲以濃茶或咖啡後，使其安臥。重者飲以吐劑，令酒精吐出後，使其靜睡。
  - 2 中嗎啡、鴉片、安眠藥毒者，勿使其睡眠，速飲以吐劑，如芥子粉一調羹和水一杯飲之，或以肥皂水飲之，再用手指或鷄毛探喉，令其嘔吐。
  - 3 速請醫師救治。

刺激物品中毒

- 原因——如食已腐敗的魚類、肉類或有毒菌類，或服砒、燐等毒物。
- 症狀——發生嘔吐、腹痛及下瀉。
- 處置
  - 1 促其嘔吐，使毒物從胃內吐出。
  - 2 如已經過相當時間，則應使患者服用瀉藥，使由大便排出體外（服燐毒的，切忌飲以油類）。
  - 3 速請醫師救治。

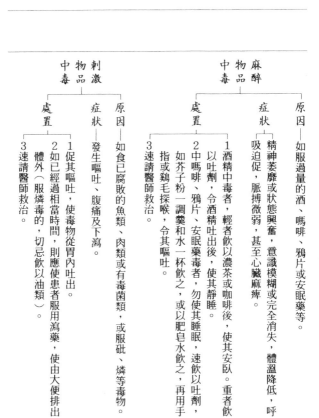

急

中毒

腐蝕物品中毒

原因

如服昇汞（水銀）、硝酸、石灰酸、鹽酸、苛性鈉、苛性鉀等毒物。

症狀

入口即燒，口腔與食道灼傷疼痛、下嚥困難，發生障礙、呼吸困難、惡心、嘔吐及腹痛等。中酸性毒的，口邊現白塊，並且硬燥。中鹼性毒的，口邊現泥濘狀，唇膜變為紅腫。

處置

1中昇汞毒者，速飲以蛋白、牛奶，使毒物減少作用，並使用瀉劑，將毒物排泄體外。

2中硝酸、硫酸、鹽酸、石炭酸等酸性毒物的，速飲以鹼性物如石灰水、蘇打水或肥皂水使之中和；並使用瀉劑。

3中苛性鈉，苛性鉀等鹼性毒物的，速飲以酸性物如檸檬水、柳橙汁或酸醋使之中和；並使用瀉劑。

4速請醫生診治。

煤氣中毒

原因

由於煤氣中一氧化碳和血色素結合而妨礙血液循環，同時神經中樞受刺激而麻痺。

症狀

發生暈眩、頭痛、耳鳴、眼花及臉色發紅，繼即神志昏迷而停止呼吸。

處置

1將患者移至空氣流通處，衣服解開，施行人工呼吸。

2速請醫生診治。

救

溺水

原因

失足落水，水入氣管，呼吸受阻而窒息。

症狀

知覺失去，皮色蒼白，呼吸停止，如溺死後未滿三十分鐘，肛門未開，尚未全腫者，猶可及時救治。

處置

1 速將患者設法自水中撈起，使俯伏地上。
2 將其腹部提高，頭向下垂，使其體內積水由口流出。
3 解除其衣服，並挖出口中泥土雜物。
4 以紙刺激其鼻腔咽喉，促其自然呼吸。
5 用乾布摩擦其全身皮膚。
6 施行人工呼吸。
7 給以興奮劑如白蘭地酒或飲以熱茶。

觸電

原因

多數因使用電器發生漏電，或在濕地行走遭遇電線墮地而觸電（自然之雷電灼傷或震昏）。

症狀

如電流不強，僅發生失神及局部火傷者，尚可救治。

處置

1 先觀察患者是否仍與電線接觸，如有接觸，應即設法脫離。在室內立即關閉總電門，如一時尋不到開關，則用非導電體之器物如橡皮手套、膠皮鞋、乾燥木棒、玻璃器、乾衣服等，速將電線移開。
2 患者脫離電流後，失神可施行人工呼吸，麻痺可施行溫浴療法，創傷及火傷，則按治療創傷及火傷方法救治。

咬傷

原因——被蜂、蟻、蜈蚣、蛇或犬……等咬傷或刺傷。

症狀——傷處紅腫、劇痛。

處置

用阿母尼亞水或碘酒塗之。

如遇被蛇咬傷，應即將傷口上部用繃帶緊紮，毒蛇咬傷處有兩小洞，用刀在小洞上劃成×，擠出毒液，或用口吸出毒液（蛇毒如進胃無妨害，但口腔內須無傷口）。塗以阿母尼亞水後，即送醫院注射。無毒蛇咬傷，擠出血液後，塗以阿母尼亞水，用繃帶包紮之。

如遇被犬咬傷，傷口須用消毒液洗滌後用繃帶包紮。如被瘋犬咬傷，須立即將毒液擠出，使傷口多流血，同時速送醫院注射狂犬疫苗治療。

用途

用人力使患者的胸廓交互縮漲，使肺部空氣流通，恢復呼吸作用。

凡一時性的窒息，用之最易生效。

人工呼吸法

推拉人工呼收法

1 將患者俯臥，肘彎曲，頭枕臂上，兩手相疊，頰貼手上，救者自己一腿跪著，一腿曲蹲於肘旁（圖一）。

2 推的動作：救者手撫患者的背，以兩拇指恰恰碰著為度，兩手則放在腋窩的下面一點，人向前傾（圖二），對背上使勁，致雙臂將至垂直為止。

3 拉的動作：救者開始慢慢地後傾（圖三），雙手滑移至患者的臂上，到肘為止，再提起其雙臂，至感覺患者雙臂緊張，發生抵抗力之時為止（圖四）。然後再把雙臂放鬆，使復原狀。

4 如此繼續進行，每分鐘約行十次至十二次，每次以五秒至六秒鐘為度，推拉的時間力求均匀，間歇的時間，愈短愈好。

壓肋人工呼吸法

1將患者俯臥，面轉側，曲其一臂，枕於面部之下，一臂伸直於頭部前方，救者跪於患者腿旁（一腿可在患者兩腿間），兩手掌分置患者腰際，相距約一公寸，貼近下肋骨處。

2救者直伸兩臂，身向前傾，使勁下壓，使患者的胸膛縮小呼出空氣。此時兩肘位置，不可超過兩臂前方，使壓力的方向向前，如此歷時三秒鐘，可呼數一二三，即將身體後傾，上體平直，同時兩手放鬆，使患者的胸膛回復原狀，吸入空氣，如此壓二秒鐘，可呼數一、二。

3如此繼續進行，每次以五秒鐘為度，每分鐘約行十二次，動作不可間斷，有時施行二小時之久方才復甦，故不可燥急。

附註

如患者心臟完全停止跳動，面色蒼白，眼蓋半閉，瞳孔放大，牙關緊咬，手指抽縮，舌亦下垂，身體冰冷時，是真死狀態，無法使其回生，那就應停止施救。

人工呼吸法

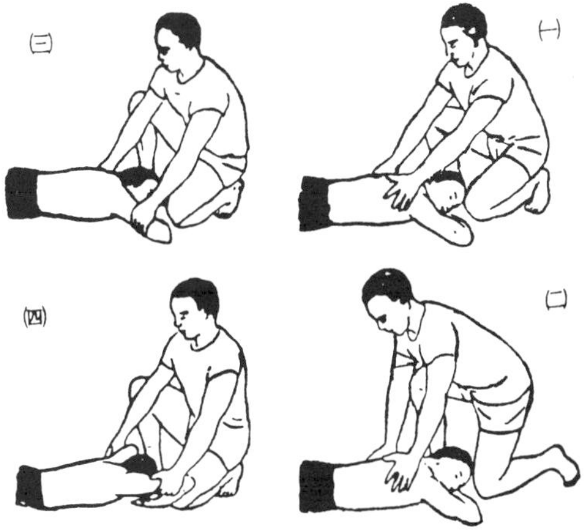

推拉人工呼吸法

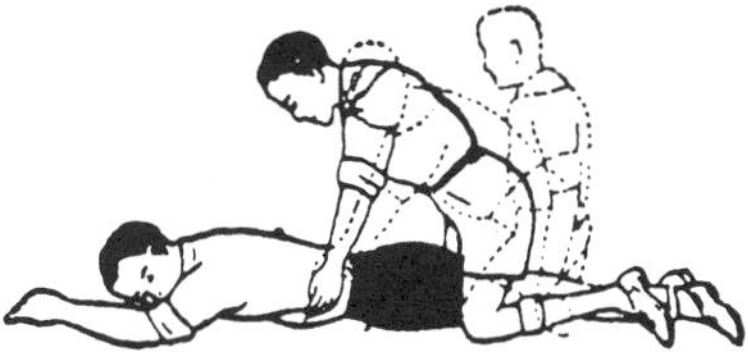

壓肋人工呼吸法

休克

症狀

皮膚蒼白、濕冷、脈搏很快、呼吸淺速而不規律，傷者驚慌、神色不安、恐懼或昏迷。

急救

一、讓病患躺下。頭或胸受傷者如呼吸困難，頭及肩需抬高，使頭比腳高二十五厘米。

二、保持病患正常體溫。

三、解開病患任何緊束的衣服，儘可能讓他保持安靜舒適。

四、將病患送往醫院診治。

心肺復甦

此項救命技術需要訓練，期使技巧熟練而正確，否則對病患可能造成嚴重傷害，因此，應參加紅十字會、心臟病協會或其他醫療單位舉辦之心肺復甦術訓練。概括而言，心肺復甦術是由人工呼吸法和人工血液循環法（胸膛外部壓縮）組合而成。

一、首先讓病患的身體伸直，仰臥地上或地板上，施救者跪於其身旁，將患者的頭放成下巴朝上、氣道張開的姿勢。（圖見24頁）

二、探摸病患的胸膛，找出胸骨的末端，施救者左手兩指按在末端上，然後將右手的掌跟（絕不可用全掌）壓向手指。掌跟放在胸骨第三根的地方，再抽出左手放在右手之上。

術

施行法

三、擺好施救者身體的位置，使肩頭恰在雙手之上，兩臂伸直、肘固定。（圖見24頁）

四、平滑而有力地朝下推，用足夠的力量把胸骨三分之一部份最少壓低四厘米。用背和身體使勁向下壓，然後抬起身體，將壓力放鬆。

五、在推壓放鬆時，不要移動施救者在病患胸膛上的手。絕不可壓胸骨的尖端，也不可將手指壓在胸膛上。

六、重複進行有節奏的推壓（壓下、放鬆、壓下、放鬆……），每分鐘八十到一百次的速度作十五次，然後對他做兩次口對口人工呼吸法。繼續這樣十五對二的動作節奏四次之後，檢查脈搏五秒鐘。如果依舊沒脈搏，再恢復做心肺復甦法，每五分鐘檢查病患一次，若脈搏恢復仍無呼吸，即改用人工呼吸法。

七、要保持正確速度，口數：一下、二下、三下、……直到使完十五次推壓為止。嬰兒推壓率每分鐘至少一百下，壓於胸膛中部乳頭下，施予一次口對口輕度呼吸。兒童推壓八十至一百次，用一隻掌跟或幾根手指下壓二點五厘米，五次推壓，施予一次口對口輕呼吸。

怎樣搬運傷人

- **徒手搬運法**
  - 一人時—可用扶行法或背負法。
  - 二人時—可用並行手抬法，或前後手抬法。
  - 三人時—可用三人合作手抬法。
- **担架搬運法**
  - 臨時担架
    - 1 可用二人的制服上衣套在棍上製成。
    - 2 可用絨毯摺疊於棍上製成。
  - 搬運方法
    - 1 第一步，同三人合作手抬法（一）（二）動作，一人將担架移至傷者旁邊。
    - 2 第二步，將傷者放置担架上。
    - 3 第三步，四人分至担架前後左右，然後將担架舉起。
    - 4 行進時用左足起步，惟担架後面的一人，須改用右足起步。

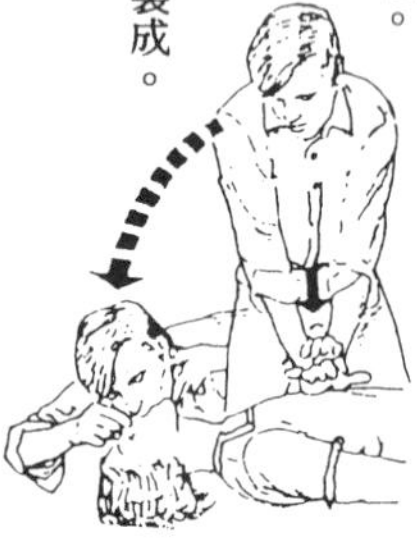

心肺復甦術

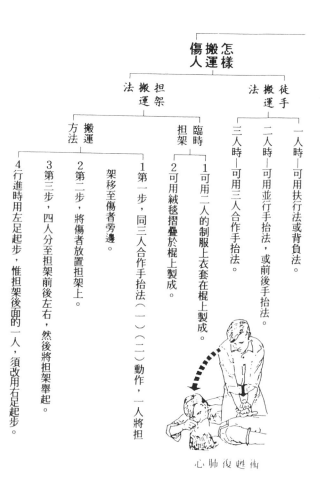

傷人搬運法

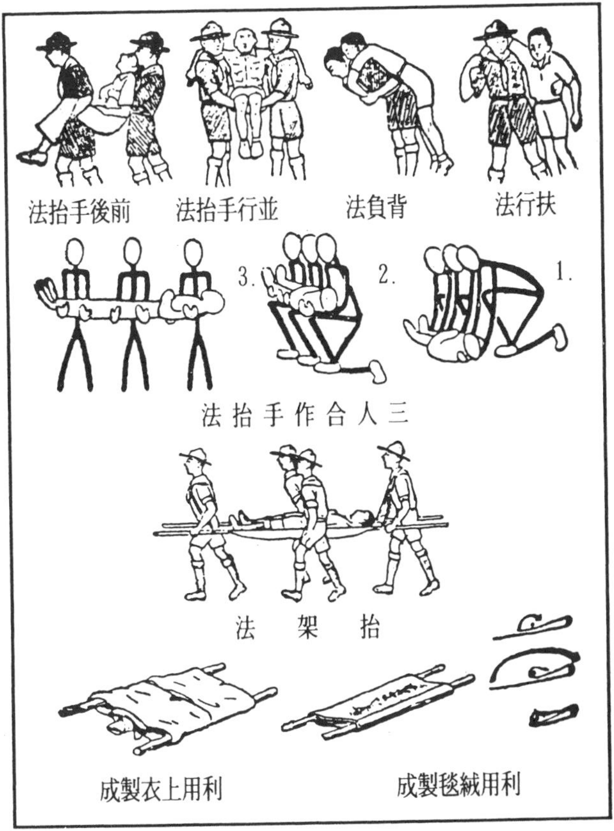

碼數

效用

1 單旗語訊號僅用點劃兩種記號，較雙旗語應用各種角度要簡單明瞭；傳遞距離，單旗語要比雙旗語遠些。

2 單旗語訊號係仿照電報符號，學習以後，可以利用聲或光傳遞，又可在黑夜通訊，晝夜都有用處。

語旗

- 尺寸—旗面為六公寸見方，旗桿長約一公尺五公分。
- 質料—布或綢均可。
- 顏色—白地，中鑲紅色或藍色方塊或長條。
- 收藏—先將旗的上角向下摺成三角形，然後捲在桿上，末後將旗角塞牢就行。

預備姿勢

面對接訊人站立，成稍息姿勢，身體稍向前傾，兩目注視前方，右手握住旗桿，桿偏斜於左肩，左手約束旗幅，如圖。

預備

發訊

開始發訊時，左手移執右手位置的下面，握住旗桿，將旗舉起，斜出左肩

單旗語

單旗用法

姿勢

上面，兩手與頷平，兩肘稍離身，旗幅須不妨礙視線，如圖。

打點方法

兩手迅速揮旗，從準備發訊的地位，自左上方移至右上方，即回原位。這時揮旗所佔的地位，約為八十度的角。旗幟揮時須成∞字形，可免旗幅纏繞桿上。

打劃方法

兩手迅速揮旗，從準備發訊的地位，自左上方移至右方，使旗桿適和右肩齊平，旗幅下垂，而後再回原位。這時揮旗所佔的地位，約為一百二十度的角。如距離甚遠，而發旗人所站的身體前面無阻礙接訊人視線的東西，即可揮至身體的右下方。這時揮旗所佔的地位，增為一百八十度，使接訊人對點劃更易辨別。

發訊

打點

打劃

碼 數

基本旗式

通訊旗式

已準備	差誤或取消	成語開始或完畢	數目開始或完畢	答號或收到	注意開始或完畢
|	●	●	|	|	●
●	●	|	●		●
|	●	|			●
	●	●	●		|
	●		|		
	●		●		●
（K）	（E連發）	（P）	（NR）	（T）	（VE連發）

電碼旗式

0	9	8	7	6	5	4	3	2	1
|	|	|	|	|	●	●	●	●	●
|	|	|	|	●	●	●	●	●	|
|	|	|	●	●	●	●	●	|	|
|	|	●	●	●	●	●	|	|	|
|	●	●	●	●	●	|	|	|	|
達—達—達—達—達	達—達—達—達—笛	達—達—達—笛—笛	達—達—笛—笛—笛	達—笛—笛—笛—笛	笛—笛—笛—笛—笛	笛—笛—笛—笛—達	笛—笛—笛—達—達	笛—笛—達—達—達	笛—達—達—達—達

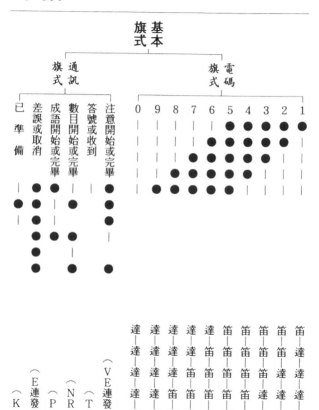

語旗單

成語	旗式	代號
句號（。）	●—●—●—	（AAA）
逗號（，）	●	（E）
問號（？）	——●	（G）
你是誰	●—●—	（AA）
速來或回答	—●—●———	（CO）
稍候暫停	●—●●●	（AS）
快發	——●——●—	（QK）
慢發	●●●●—●●	（SL）
重發	●●——●●	（IMI）
全信已完	●—●—●	（AR）
信完全收到	●—●	（R）
再會	——●—●●●	（GB）
危急求援	—●—●—●—●—●—●	（連發六次以上）

聲光通訊

用途

1 在白晝因樹林、房屋或山丘阻礙視線時可用聲通訊。

2 在夜間近距離可用聲通訊，遠距離可用光通訊。

聲的通訊

器材

警笛等發聲器。

要點

1 聲音長短依照規定訊號，短聲代表點，長聲代表劃。

2 長短聲須分別清楚，且前後一致，方使對方易於辨明。

3 平時可用蜂鳴器練習，聽「笛」「達」聲，辨別短聲和長聲，一如電報局收發訊號。

蜂鳴器

光的通訊

器材

手電筒或營燈。

要點

1 手電筒表示訊號，祇需將電鈕按下即發光，放鬆即滅，須練習純熟，方能應用。發光時須注意勿對收訊人直射，致使對方目光眩耀，不易觀察。

2 利用營燈通訊，可以左右擺動表示長短，或用物件如平邊帽遮蔽，以放光久暫表示訊號均可。

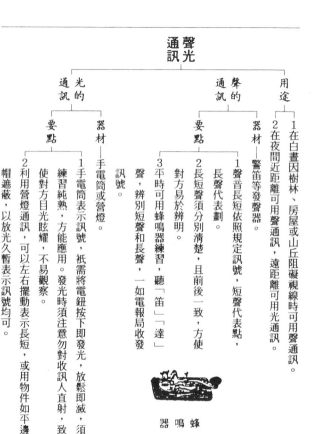

收發要點

1點與劃的長短要永遠相等，並且點劃的時間，自始至終，速度應一律。

2打一字碼，要始終連續不可間斷。

3一劃的時間，約三倍於點。

4每字打完，在原位上稍為停頓（大約等於一劃的時間），每四個號碼打完，應揮旗向下靠於身體，稍停即復原位。

5接信者每接完一字（即四個號碼），必須回答一劃，表示已經收到，否則發信者又要重發一次了。

6其他手續參見前電碼雙旗語。

說明

科學昌明，電子設備普遍應用，對講機大有替代電話、語旗之勢，多數大廈住家的門禁，多已採用對講機控制，童子軍野外活動也增添此種設備。在野外寬濶的叢林、峻嶺、海灘用對講機作為通話工具十分方便，遠比旗語、聲光通訊使用起來得心應手。

對講機

方法

1每組對講機首先設定頻道號碼或有數組則共同設定，彼此再用呼號區分，如「老鷹」「麻雀」等等代號呼叫。

2啟動開關通訊鈕，開始通話。

3呼叫對方回應後，開始通話。

4通話完畢，一定要告訴對方通話「完畢」。

5對講機有長短距離之分，視其功能而定，超過機重之有效距離，則無法通話。

6注意防潮、防水、防震。

附註

高級童子軍須能以單旗收發中文電碼旗語每分鐘十字。

能用聲或光通訊。

能使用短距離的對講機通訊設備而無差誤。

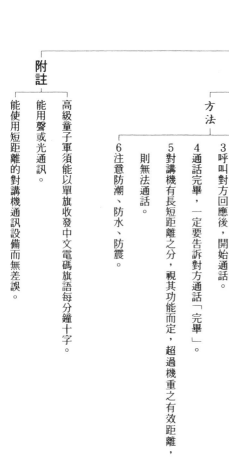

高級露營

1中級童子軍有了短期露營生活經驗後，可以進一步舉行三晚，以至一星期以上的長期露營生活。

2高級露營須有自行設計、自動執行和夠露營標準的能力，事後並須有詳細的露營報告。

1性　質——視每次露營的重心，確定露營的性質，且按照露營經驗和學術水準而決定。

2露營地點——依據露營性質，配合需要去選定地點，近郊？野外？山林地？海濱？參考營地選擇標準而選擇。

3期　間——確定露營日數，自何時起至何時止。

4參 加 者——參加露營的童子軍，必須取得家長的許可書，並經過醫生健康檢查的證明。

5職務分配——按照小隊原定任務，配合此次露營計劃，使事事均有人負責策劃進行。

6集合時地——集合時間及地點應有規定，參加者可依時聚集出發。

露營

露營的計劃

7 日　程——露營日程中須規定每日上午、下午、晚間各項預定節目，使露營期內依時進行活動，獲得豐富愉快的野外生活。

8 餐　單——露營期內每日早晨中午及晚間用膳餐單，須先行設計。

9 作業活動——依照日程內各項節目，詳列作業活動內容，俾使早事準備，在實施時可以增進效能。

10 攜帶用品——規定小隊與個人應帶用品名目及數量，如需分配攜帶，事前先行計劃，不致臨時紊亂。

11 經費概算——事前應計算此次露營所需用費，小隊的、個人的，均須早為準備，甚至繳費手續，亦宜規定。

12 生活時間——露營期間每日生活時間應有規定，俾按時作息，並規定各種訊號，以資遵守。

13 來回路程——去程和回程所經過路線，須經調查後一一註明，如搭乘舟車，亦須詳細說明。

14 解散時地——計劃中應先預定。

15 其　他——如注意事項……等，不厭求詳，加以註明，計劃如能周詳，露營活動必定美滿成功。

要識

露營要點

項目	要點	滿分	得分
應有的書面資料	1 小隊的露營組織和工作的分配	10	（ ）
	2 用品清單	10	（ ）
	3 每日餐單及全部價值單	30	（ ）
	4 活動程序表	10	（ ）
組織與領袖	1 小隊長領袖才幹表現	20	（ ）
	2 小隊內分工情形	15	（ ）
	3 合作精神和童子軍行為的表現	20	（ ）
器材狀況	1 用具裝包及分擔狀況	10	（ ）
	2 携帶用具是否夠用	20	（ ）
	3 有斧和鏟否	5	（ ）
	4 有急救盒否	5	（ ）
營區狀況和佈置	1 灶和炊事區是否適當合用	10	（ ）
	2 是否就地取材建設炊事用枱	10	（ ）
	3 是否就地取材建設餐桌	10	（ ）
	4 是否臨時製作營地用具	10	（ ）
	5 帳幕的質料和容量	10	（ ）
	6 睡鋪是否夠暖、乾爽而舒適	10	（ ）
	7 睡鋪下有無不透水的防潮地布	10	（ ）

營露

評和分（最高500分）

炊事計劃和烹調
1 是否嚴格遵守預定的餐單……15（　）
2 是否少用罐頭食料……10（　）
3 食料是否注意妥當的保護……15（　）
4 設置冷藏地窖的設備……15（　）
5 飯菜烹調把握時間同時完成……10（　）
6 全隊同時一起進食……15（　）

衛生安全與清潔
1 睡眠均能有九小時……15（　）
2 炊事用火小而安全……10（　）
3 刀斧使用合法……10（　）
4 垃圾及污水的處置適當……15（　）
5 厠所建築適當且保持清潔……15（　）
6 滅跡工作能徹底……30（　）

觀瞻和整潔
1 參加露營的童子軍都有制服……15（　）
2 在露營中都能保持身體服裝用具的整潔……20（　）

生活程序
1 能依照預定程序進行……10（　）
2 熄燈後起身前都能嚴保寂靜……20（　）
3 每日三餐依時供應並清理……15（　）
4 能參加各項活動及營火表演節目……20（　）

識要

怎樣應付

狂風和暴雨

1長期露營中遭遇狂風暴雨，正是考驗童子軍露營生活有無經驗，風雨來襲時，要儘量表現童子軍有備無患和克難的精神。

2帳幕勿在峭壁或有石塊易被狂風吹落或大雨後有崩潰危險的山坡處架搭。

3勿在高地易遭狂風襲擊處架帳幕，獨立樹下則易招致雷擊的危險。

4山峽、山腳、河床及低地，大雨後易於積水之處，不宜架帳。

5狂風之前，應檢視帳樁是否牢固，帳繩是否可靠，營地一切建設是否經得起狂風，否則須加以預防。

6天雨之前，應先掘水溝，並將帳繩稍放鬆，如須保持乾燥物件，應即收拾放好，或設法蓋妥。

7營地野草應割短，但不宜拔去其根，以免雨後泥土濘滑，出入要道在天雨前加放小石，則更利於行走。

8天雨時，不可手觸帳幕，否則觸處便要漏水。

9進入帳幕時，須將濕衣、濕鞋脫去，濕鞋可以石子燒熱放入鞋中搖動，過時即能乾燥。

10柴枝內心乾燥，易於生火，濕柴烤乾後，亦可燃燒。

11雨天要使身體多多運動。

12天雨在帳幕內要有各種作業消遣。

各種氣候

酷熱或嚴寒

1 四季是童子軍的四季，長期露營大多利用寒暑假期中舉行，特別是夏令營，有十天左右的愉快野外生活，天時阻撓不住童子軍到野外去的。

2 夏季露營，帳幕的四週牆壁要捲起，使空氣流通。

3 要用驅蟲劑或噴射驅蟲水（如DDT等），驅除蚊子。

4 床位可利用竹木製造，離開地面，涼爽而又可免蟲擾。

5 熱天要多喝水，食物中多放些鹽，補充身體的需要，油膩宜避免，飲食不可過量。

6 夏令各種活動，宜利用早晚時間，中午要午睡，儘量休息靜止。

7 帳幕外圍散放石灰，可免蛇蟲侵入。

8 灌木樹下及水邊蔭涼處，常是蛇蟲棲息之所，宜特別小心。

9 衣服不使受潮或發汗，否則失却不傳導的性能，應該立即替換。

10 冬天要多穿幾層衣服，裏面該是毛製品，外邊的要能擋得住風，在活動時脫下，靜止時再穿上。

11 被褥要時常在太陽下曝晒，帳幕下邊要多放乾草，即使嚴寒天氣，在帳幕內睡眠，亦不會感覺寒冷。

12 火和運動可使你增加溫暖。

高級階段中野外作業

日間

1 利用自然物製作營地用具（參見簡易製作）。
2 烹調小隊飯菜，練習無具炊事。
3 單雙旗語通訊或分站傳遞。
4 繪製營地簡圖或旅行略圖。
5 測量距離、高度或營地面積。
6 演習各種急救方法。
7 研究動植礦物的名稱、形態及其性質。
8 觀察天象或動物動作，預測未來氣候變化。
9 遇水架橋，搭臺瞭望，練習工程。
10 游泳划船及演習救生方法。
11 其他如舉行大地遊戲，並複習中級各項技能等。

晚間

1 營火娛樂，舉行短劇、歌唱或其他遊藝表演。
2 觀察星象，測知方位和時間。
3 練習燈語或警笛通訊。
4 製作點心充飢。
5 舉行夜間各種遊戲。

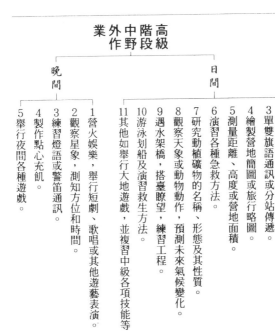

其他要識

營地工作輪值制

職責／日期	第一日	第二日	第三日
大廚師	林	王	張
二廚師	王	張	李
火伕	張	李	陳
水伕	李	陳	丁
炊事區清潔員	陳	丁	蔡
炊事區清潔助理員	丁	蔡	林
營區清潔員	蔡	林	王
附註	小隊長不列表，內視需要隨時幫助隊員工作		

（每日上午九時開始交換工作）

野外營火須知

1. 野外露營，每晚必須營火。
2. 營火取光，使柴枝燃燒成灰，故須注意柴架堆法，並不使塌下，致柴未盡燃，而成火炭。
3. 營火開始及結束，均須有靈感性的儀式。
4. 營火活動應由靜而動，逐漸興奮，至高潮後，再回至幽靜，始告終止。
5. 營火節目宜多取短劇、共同歌唱、遊戲等，內容高尚，且符童子軍精神，化裝亦以簡單，就地取材為主。
6. 營火完畢，應即滅火（舉行單滅火式或雙滅火式），以保安全。

營地設備舉例(一)

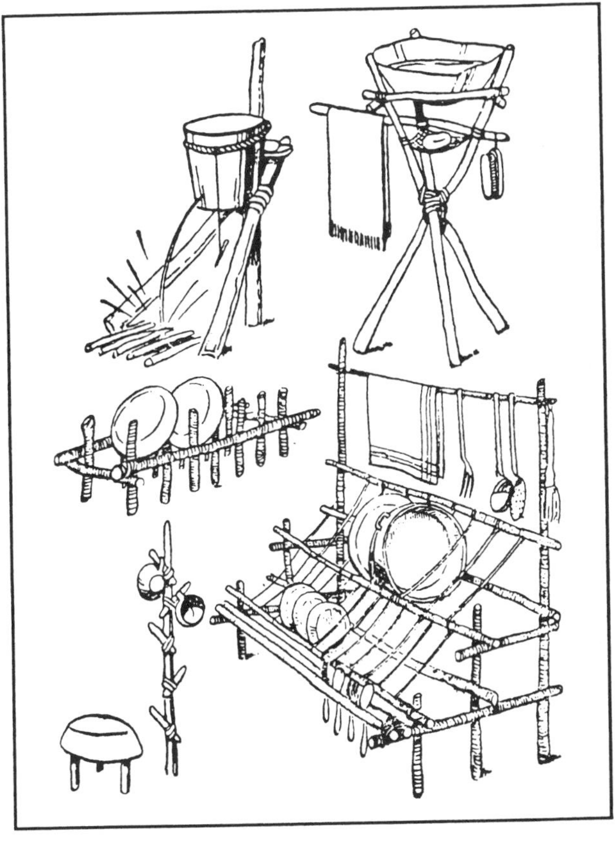

(二)例舉備設地營

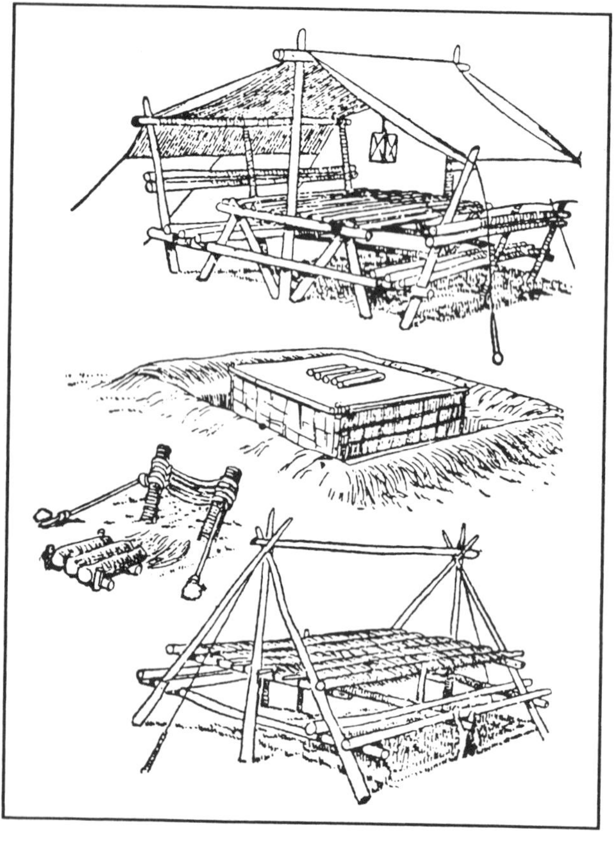

結繩

鞦韆結

作鞦韆用此結，結法如圖

花聯結

粗繩聯結時用此結，較平結為牢固，且又美觀，故有「結中之王」之譽。結法如圖。

(一)

(二)

漁人結

釣魚桿上聯結兩弦線時用此結，平整不脫，故名漁人結。結法如圖。

(一)

(二)

圈繞結

晒衣架或營柱上兩端繩結宜用此結，不易鬆脫。結法如圖。

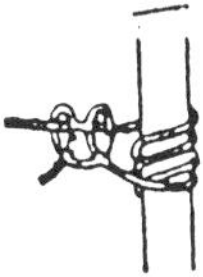

絡頭結

捉住獸類，不使其逃逸，或牽之隨行，宜用此結。結法如圖。

(一)

(二)

應用

椅結

在懸崖、高樓，使人安然上下時，可用此結，惟須注意繩的安全度與收放時安全動作。結法如圖。

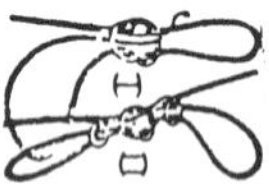

(一)

剪立結

兩木棍併立相接，如建設旗桿，晒衣架等，均需應用剪立結。結法如圖。

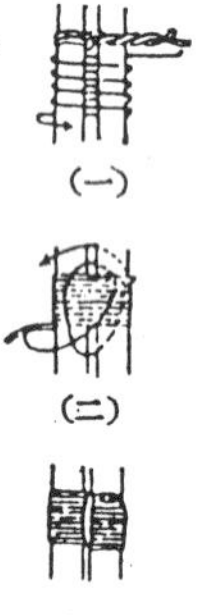

(一) (二) (三)

（附）三木棍聯結法

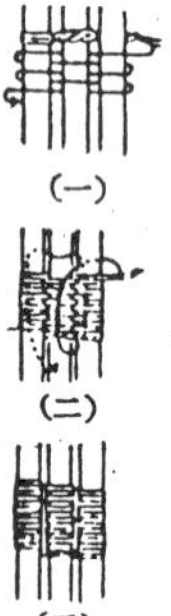

(一) (二) (三)

三套結

此結用途同雙套結，此雙套結要牢固，不致鬆散，結法如圖。

貓爪結

此結多在工程上起重時用，此法將繩的兩圈一起套在鐵鉤上。結法如圖：

錄記營露級高

日期	地點	主辦單位	重要活動或考驗項目	團長簽名

註　備

營養與人生

- 功用
  - 1能幫助身體組織的構成，體內消耗質的補充與維持體力（炭水化合物、脂肪、蛋白質、礦物質和水）。
  - 2能供應熱力、保持體溫，與提供活動力（炭水化合物、脂肪和蛋白質）。
  - 3能調整體內的生活機能（維他命和礦物質）。
- 碳水化合物
  - 含於五穀、大豆、花生、糖等內。能供給體力及熱量，每一公分約四卡（卡路里）熱量。
- 脂肪
  - 有動物性和植物性兩種，如肥肉、花生油等，能發生較多的熱量，保持體溫，每一公分約九卡熱量。
- 蛋白質
  - 含於豆類、魚、蛋、肉類、肝類及乳類等，構成人體各部組織的要素，並產生熱量。每一公分約四卡熱量。
- 維他命A
  - 多存於乳油、蛋黃、綠葉、魚類及魚肝油等，可增加身體抵抗力，幫助生長及預防夜盲症、眼乾燥症、及蛔蟲寄生。
- 維他命B
  - 多存於米的胚子及酵母、麥類、豆類，蔬菜中含量亦不少，能促進人體發育，及預防腳氣病。

野外炊事

營養素

- 維他命
  - 維他命C——多存於肝臟、血液、乳汁、水果、蘿蔔、菠菜等蔬菜類內，能增進身體健康，預防壞血症。
  - 維他命D——多存於乳汁、蛋黃、肝臟等，能使骨骼強健，及預防軟骨症（佝僂病）。
  - 維他命E——植物性油中都有含量，穀類的胚子、小麥、玉蜀黍的胚子油中為最多，與生殖器發育有關。
  - 其他——維他命F、維他命H等，次第發現，都是良好的營養品。
- 礦物質
  - 鈣質——含於乳、蛋、五穀、豆莢及蔬菜內，為構造骨骼要素。
  - 鐵質——含於菠菜、芹菜各種綠葉蔬菜，及肝、蛋黃內，為補血要素。
  - 燐質——含於貝類、魚類、牛奶、胡蘿蔔等內，能增進骨及毛髮的生長。
  - 碘質——含於海藻類、貝類內，可預防甲狀腺腫大及肥胖症。
  - 其他——如鉀、鈉、鎂等，均與構成體骨和促進呼吸，與血液循環有關。
- 水
  - 為體內一切化學作用的媒介，溶解各種營養素，令其分佈於全身，並能助廢物的排泄和體溫的調節。

食物中的

- 需要——食物原為營養身體，選擇食料時須明瞭各種食物的營養價值。
- 日常
  - 肉類——肉類富於脂肪與蛋白質，極有營養價值，而且易於消化，尤以牛或豬的內臟，滋味鮮美，比肉的營養價值更高，每百公分瘦牛肉含有熱量約為二〇七卡，每百公分瘦豬肉含有熱量約為三七六卡，中肥豬肉為四五七卡（豬油為九〇三卡）。
  - 魚類——一般魚鮮含有多量的蛋白質與脂肪，且富有水份，魚的頭部尤富營養，普通鮮魚每百公分所含的熱量約為一〇〇卡。
  - 蛋類——蛋類食物富於蛋白質與脂肪，營養價值極高，且富磷、鈣、鐵質及維他命A，鷄蛋每百公分含熱量一四四卡，鴨蛋每百公分含熱量一六八卡。
  - 豆腐——我國特產，含有蛋白質、脂肪等，極富營養，易於消化，每百公分含有熱量七十一卡。
  - 菠菜——菠菜質軟，容易消化，富於維他命A、B、C、和鐵質，營養價值甚高，不過在多煮以後，維他命就會消失。菠菜所含熱量不多，每百公分為十六卡。
  - 白菜——所含維他命及鐵質很少，但纖維柔軟，所以有通便的效用，醃食更為人所喜愛，但營養價值不高。

營養成份

食料

四季豆：四季豆宜於煮湯，富於蛋白質和碳水化合物，並含有維他命B，營養價值甚高，所含熱量每百公分為三十二卡。

蘿蔔：蘿蔔含維他命C最多，包藏於葉內，蘿蔔皮內含消化酵素，故皮葉均應加以利用；胡蘿蔔含有鈣、鈉、燐、維他命B和C，營養價值更高。

馬鈴薯：以澱粉質食物論，僅次於穀類，含維他命B和C，耐久藏，每百公分含有七十卡熱量。

蕃茄：富維他命A、B、C，宜生食，蕃茄與菠菜，可以說是蔬菜中的明珠，對身體極有營養，應該多吃，每百公分含有熱量十八卡。

蔥：可增加食物的香味，含有維他命A、B、C，且有刺激消化液以調整食物味道的效用，每百公分含有熱量二十卡，同量洋蔥含五十二卡。

鹽和糖：
- 食鹽在人體中是不可缺少的東西，每人每日所需量為十五公分，我國人因菜食約多至一倍。
- 白糖含熱量很多，每百公分約為四〇〇卡，但食用過多，易引起胃酸過多症。

熱量消耗

1. 十二歲至十五歲男孩，每日需要熱量三千二百卡，女孩為二千四百卡。
2. 十六歲至二十歲青年，每日需要熱量三千八百卡，女子為二千四百卡。

野外

小隊

怎樣進行

1 依小隊內各人的食量、口味，和對食物的好惡，事先調製小隊食譜。

2 事前應開列餐單，計算所需材料以及物價。

3 露營中所需食料，在出發前須先準備可供一、二日應用，使到達營地時即可開始烹調。

4 在野外應選擇附近易於採購，或就地出產的食物。並注意野外炊事時間宜短，避免需時久煮之食料。

5 食物的選擇應注意價值貴賤適宜、消化容易，合於時令和營養的均衡。

6 在露營期內烹飪工作，應由各隊員輪流擔任，使人人有練習機會（參見露營要識內工作輪值制度）。

7 露營期中早午兩餐宜簡單，晚餐須豐富。

8 注意飯菜的「色」「香」「味」三個條件，以增加食慾（烹調方法參見中級野外炊事）。

9 小隊炊事宜用溝火，使各炊具同時使用，便於短時間內烹煮完成。

10 炊事的火，使柴燃燒成火炭生熱，並不需大的火焰發光。

11 小隊炊事時，宜各菜同時做成，使能全隊一起進食。

炊事

炊事

注意要點

1灶位須注意風向，不可靠近樹下，尤宜遠離樹幹和樹根。炎夏及下雨時，均應張有天幕或利用自然物作遮蔽。

2露營期間應利用自然物製作炊事用枱及餐桌。

3炊事區應設有垃圾坑及污水坑兩穴，坑上須加蓋，如使用將滿，應即用土填好，另行掘坑。有經驗的更能隨時將廢物焚化，亦可不設垃圾坑。

4炊事應用器物，須放置一定地位，以便隨時取用。

5刀斧使用，注意安全。斧頭平時須砍在木柴的幹上，不可著地受潮。

6木柴須加以整理，存儲在灶的附近。晚間覆以油布，以免受潮或遭雨淋。

7營地食料不使太陽曝晒，宜用避塵袋裝好懸起，可免蟻蟲羣集。

8食物空罐須先放置火中焚燒，然後用腳踏扁，投入廢物坑，空瓶亦須經洗淨後投入，可免蛇蟲野獸襲入營區。

9營地應挖一冷窖設備，好使食物冷藏。

10炊事完畢，應將火熄滅，節省薪炭，復保安全。

11炊事區須經常保持整潔。

食物冷藏

無具炊事

效用

1在野外學習無具炊事，嚐試別有風味的食物。

2能使在任何情況中不用炊具，猶能度愉快的生活。

直接熱法

1將麵粉用水調勻，並和以調味，捲於一乾淨的樹枝上，或將麵粉分成若干小塊，穿在小棒上，放置火上直接烘烤，烘烤時須時加轉動，使各部平均受熱，待成熟後即須離火，可以食用（如圖）。

2先用樹枝編成烘烤用架子一個，然後將欲烘烤之食物，如麵粉餅一塊，魚或肉一塊，加以調味，夾在架中，放置火上烘烤，待食物上下都已成熟，即可離火取而食之。

3或用煨法，將食物埋入火炭中使之成熟，如蕃薯芋艿等物，均可煨食。蛋類則外部須用爛泥封好，待煨熟後敲去其泥土，剝去外殼，即可食用。如為禽鳥或雞鴨，則先行殺死，全身封以爛泥，另用竹管一根插入肛門穴道中（好使體內污物自然由此流出），如法煨燒，大約每兩磅需一小時，到時把硬的泥殼打破，毛亦盡去，即得美食。

烤架

烘烤法

方法

反射熱法

將魚肉或野兔洗淨後釘於一木板上，並塗以調味，置火堆旁取其反射之熱，使其成熟，如能利用洋鉛箱製反射灶，將食物放於灶內，置於火堆旁邊，使熱反射至於食物，亦易於成熟（見圖）。

儲藏熱法

在地上挖一約一呎半直徑寬和深的洞，洞的四週砌滿石塊，然後在這洞中用堅硬的柴枝或塊木生火，燃燒約一小時半（見圖一）；一面即準備食料如肉、蛋、山芋或米等，先加洗淨，並加調味。米用濕布包好，待洞中有相當高熱度時，再將火炭取出，放置一旁，洞底先填以無膠的潔淨樹葉，下放米包，中放鮮肉，四週放山芋，上放雞蛋，然後再舖上一層樹葉，一塊已經浸濕的白布，更覆上一層泥土（見圖二）；如此悶煮約二小時後，將食物分別取出，即可成很甘美而別有風味的佳餐了。

反射熱法

(一)

(二)

點心製法

- 用途
  - 調劑平日飯食，增進飲食興趣，或於下午或晚間製作點心之用。
- 舉例
  - 麵
    - 煮麵：先把沸水沖湯，湯內和以豬油、醬油等，再把麵條放入沸水內，煮透盛起，放在配好作料的湯內，每斤麵大約可煮四、五碗。
    - 煨麵：先把油煎透，然後放入醬油及蔬菜煎沸，最後把麵放下，煮沸即成。
  - 饅頭
    - 做饅頭是用乾麵粉，先和溫水調勻，至不黏手為度，然後加入小蘇打揉和，大約一斤半麵粉需用小蘇打一調羹。過一小時後，再製成各式形狀，放置蒸籠上，隔水蒸之即成。
  - 水餃
    - 做水餃要用肉作餡，將麵粉和清水調勻後，用桿滾成圓形薄皮，將肉放在中間，摺邊而成餃子，再放入水中煮熟之，就可食用。

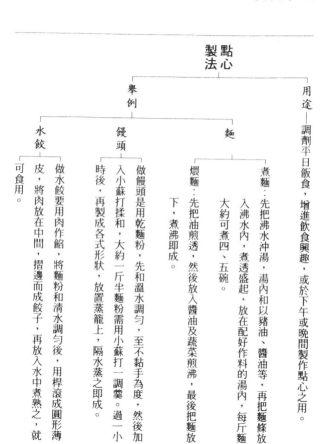

烹調須知

1食料洗滌的次數要少，時間要短，否則食料內的部份營養，易被水溶解消失。

2蔬菜應洗後再切，有外皮的食料，應洗滌過後，再行剝去外皮。

3蛋白質在加熱以後便凝固，所以煮熟的蛋白質比半熟蛋白質不易消化。

4獸肉或鮮魚宜在油鍋或沸水中投入，可使表面的蛋白質凝固，可防止肉汁溶流外出，既可使蛋白質不受損失，並能使魚肉的味道鮮美。

5煮湯宜將魚肉投入冷水或溫水中用文火煮熟，湯味才會可口。

6脂肪加熱至某種程度時，會發出香味，使食物的味道可口，用以煮蔬菜最佳。

7維他命A在鍋中加熱時起變化甚小，但放置空氣中加熱，則營養全失。

8維他命B如長時加熱，易於受損。維他命C對於酸性最為敏感，加熱時間愈長，所遭受損失也愈大。

9維他命D及E對於加熱無大影響，惟維他命D如經紫外線照射過久，或把維他命E與酸醋混合煮沸時，都會遭受損害。

10煮食青菜，應儘可能使用高熱，並縮短烹飪時間，以避免葉綠素的損失。

手

旨趣

1 提供休閒時作業，增進作事能力
2 提倡雙手萬能，發揮創造精神。
3 製作實物用品，增加生活樂趣。

簡易縫補

縫法

穿針—先將線的一端撚至尖小，然後左手持針，右手持線，將線的尖端穿入針孔，另一端線頭，結一單結。

平針—左手執布，右手持針，將針自布下刺上，這叫上針，再依次自布上刺下，這叫下針，自右而左依次進行。

回針—又名鈎針，法同平針，惟下針不在上針的左邊，須回至右邊刺下，依次進行，較平針為牢固。

補法

縫綴法—如果破孔不大，祇需用針線緊密連綴即可。

內襯法—用布一方，襯托在破孔下面，先沿襯布四週，用線密縫，然後把破口的毛邊，向裏面略摺一些，再沿破口連襯

縫綴

內襯

工藝

技術

布縫一道。

外貼法—用一塊大於破孔的布，放在破孔的外面，先要計算好，使摺過來時正好遮住破口，然後在靠近破孔較大的一面，先用針線縫一道，再將布翻過來，縫其餘三面。

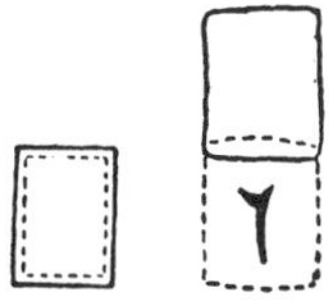

外貼

製孔和釘孔

製鈕孔—先用剪刀在布上開孔，然後將針由貼近縫口處向下刺下，再自縫口中將針向上，由第一針未拉緊之線圈中穿出，向外拉緊，依次繼續進行，至繞完一週為止。

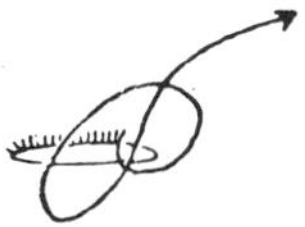

鈕孔製法

釘鈕釦—先將鈕釦置於布上，然後用針線縫釘，縫時不可將線過於抽緊，在鈕釦與布之間，用線緊繞數周，使鈕釦稍稍抬高，以便套入鈕扣時，得以平正。

手

器材

工具

1. 童子軍隨身携帶的小刀小斧。
2. 其他如手鋸、雕刻刀、以及視所作用品需要之簡單工具。

材料

1. 就地取材之各種自然物，如樹桿、樹枝、竹桿、竹葉、稻草、籐……等
2. 廢物予以利用，如木箱、木板、大小罐頭、紙盒、碎布、舊皮……等。
3. 視製作物品所需要之原料購備之。

程序

1. 由小件的製作開始，再做比較大件的物品。
2. 從簡單易製的用具著手，進至複雜的工作。
3. 可先從模仿做起，然後自出心裁創造製作。

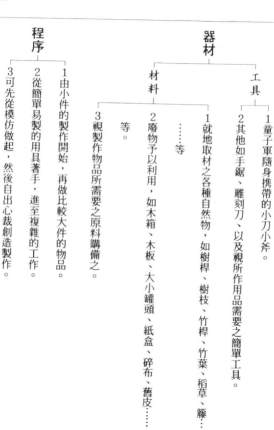

工藝

童子軍個人用品

- 領巾圈
  - 可在野外覓取籐心編織，或用木一段，隨心雕刻各種形狀，
  - 或取竹一節，刻上各式圖案。
- 旅行杖
  - 可在野外找取堅牢且挺直的樹枝加以精製而成，並刻上有關
  - 個人童子軍生活上值得紀念的各種圖案或文字。
- 裁紙刀
  - 覓取樹枝一段，削成小刀形狀，刀柄可刻成圖騰，自然美觀
  - 且富有意義。
- 警笛繩
  - 利用彩色絲線，自行絞製，或用尼龍粗線，可以編出多種花
  - 式。
- 背囊
  - 各國童子軍均以自製背囊，自己享用為榮。可選購帆布，配
  - 合各人身材自行裁剪縫製，式樣亦可隨心所欲，背囊內需用
  - 之各種小袋同時製成，以便應用。
- 其他——如雙旗、單旗、製圖用板以及個人營帳等均可自製。

手

製作用品

營地

- 掛鈎——覓取樹枝一段，用刀斧削成，供野外炊事時作吊鍋之用。
- 燭臺——利用竹節一段，用鋸鋸去一面放光，餘留一面，可以避風，節上置燭燃點即行。或利用罐頭筒，用剪刀剪成亦可應用。
- 營地桌椅——用竹桿或木桿製造，方式多種，隨意架搭。或在地上掘深溝兩道，使之平行，或圍成方形，中間當桌用，腿放在溝內坐於地上（參見前四一頁）。
- 坐墊——利用稻草或其他乾草編結成圓形坐墊，可供個人應用，並便於攜取，隨處使用。
- 烤架——用粗鉛絲編成，作烤物時用。
- 鍋——利用大餅乾筒將開罐刀把筒口開大敲平、外加鉛線作環，即可作鍋，供煮物之用。

工藝

- 用具
  - 爐灶
    - 可利用煤油箱或舊鉛桶，開取灶門，上端有通氣孔若干處，
    - 如下部設置爐墊則更佳。
  - 坑蓋
    - 用細樹枝四枝架成方形，或用細竹圍成圓形，上面再用若干樹枝或竹片橫直相交，然後用草或葉全部密密舖整即成，可
    - 作垃圾坑及污水坑坑蓋等用。
  - 刮鞋板
    - 用短樹枝兩根，釘於地上，距離約一英尺，中間安置一薄板
    - 或竹片即成，用以刮去脚下泥土。
  - 其他
    - 如掃帚、火鉗、帳釘、筷子……等，在野外均可利用自然物
    - 隨時製成應用。

家庭用具

- 電器——日用電器的裝置或修理。
- 衣架——利用木箱板，用鋼線鋸依衣架形狀鋸成，用砂紙擦光、釘好，再用粗鉛絲作掛鈎即成。
- 書架——利用木箱板，用鋸鋸成書架形式，釘好，如加精工，雕刻各種圖案更覺美觀。
- 文具盤——利用木板，製成盛放筆墨文具用盤，放置案頭，能永保書桌上的整潔。
- 鞋架——利用舊木箱（肥皂箱最適用），中置橫檔，可便利放置鞋子之用。
- 鷄籠——利用竹或木可設計製造鷄籠，輔助家庭生產。
- 狗房——利用木箱或木板，釘成狗房，愛護動物。
- 其他——如信箱、面巾架、鏡框、日曆、字紙簍…等，均可設計製作。

附註

1. 童子軍能有自製簡單用具的能力，即可及格工程一項。
2. 童子軍團可將製作品舉行展覽出售，盈餘部份作童子軍生產利益，一部份更可撥充團活動經費開支。

例 舉 作 製

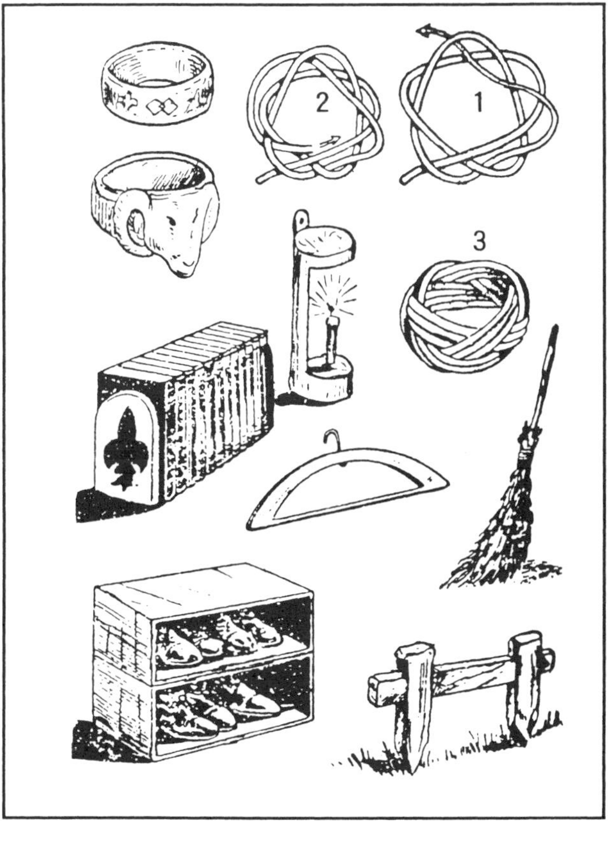

橋　架

旨趣

1. 在野外擴大運用中級已學習的各種工程上應用之繩結。
2. 練習使用刀斧等用具，從事開拓建設。
3. 增進露營期間生活上的便利。
4. 使童子軍能應用當地的自然物而因地制宜、手腦並用，獲得實際的做事經驗。

架搭原則

1. 就地取材，利用營地附近的竹木等自然物為材料。
2. 材料的長度、大小、數量、應視當時的需要而取決。
3. 將童子軍已學習的技能去實地應用。
4. 注意所架搭的工程須切合實用，並力求正確可靠和迅速。
5. 架搭的工程，須先經縝密的設計，並預定工作的步驟。
6. 要運用小隊制度，分工合作去進行。
7. 工程注重基礎，務求穩固，能負重量，要上小下大、上輕下重，才能確保安全。
8. 工程材料一切準備齊全後，方可開始工作。
9. 超過童子軍體力和能力的工程，便不是童子軍的工程。

與搭瞭望臺

基本知識

各部名稱

- 柱腳——工程上最主要的材料。
- 上橫檔——較下橫檔略短。
- 下橫檔——長於上橫檔，粗細同柱腳。
- 邊橫檔——即兩旁的上下橫檔。
- 斜檔——交叉於柱脚上，使位置固定。
- 橋樑——架橋上用以行人和負重。
- 其他——如橋面、臺面……等。

應用繩結

- 方回結——兩桿橫直相交時適用（見中級）。
- 十字結——兩桿互相斜交時適用（見中級）。
- 雙套結——方回結開始及結束時需用，十字結結束時亦需用此結。
- 繫木結——十字結開始時需用（見中級）。
- 其他——如平結、剪立結等繩結，工程上隨時需要應用。

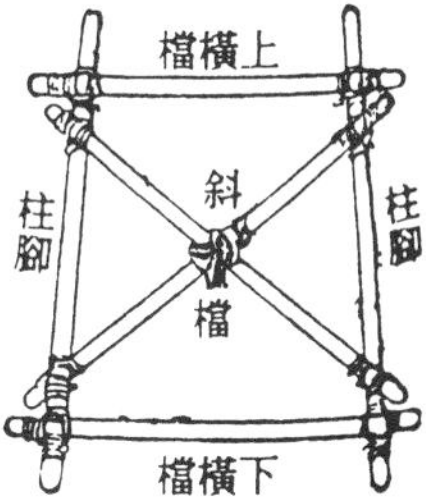

架橋

用途——營地附近如有溪流，可架橋以利交通，得免繞道遠行。

種類
- 墩橋
  - 橋下設墩，支持橋樑和橋面，有單墩、
  - 雙墩之不同，並有簡便和複雜多種。
- 繩橋——利用繩索懸掛通行，橋墩設置兩岸。

架法
1. 先測量河距寬度、河流深度，計算所需材料。
2. 材料準備齊全後，開始紮好橋墩。
3. 將橋樑兩根縛住於橋墩上端，同時用長繩數條牽好，然後使橋墩離地伸入河心，安置水中。
4. 其次自岸之一邊，將準備就緒之木桿或木板，依次平舖於橋樑上，作為橋面。
5. 待橋面舖至橋墩時，用橋樑兩根，自橋墩處設法伸出，一端放置對岸，一端用繩縛於橋墩上。
6. 最後進行將橋面依次舖至對岸即成。
7. 繩橋橋墩分置兩岸，架法應視當地情形而定。

附註——使用完畢折回時步驟亦須依次進行，僅須將先後次序倒行。

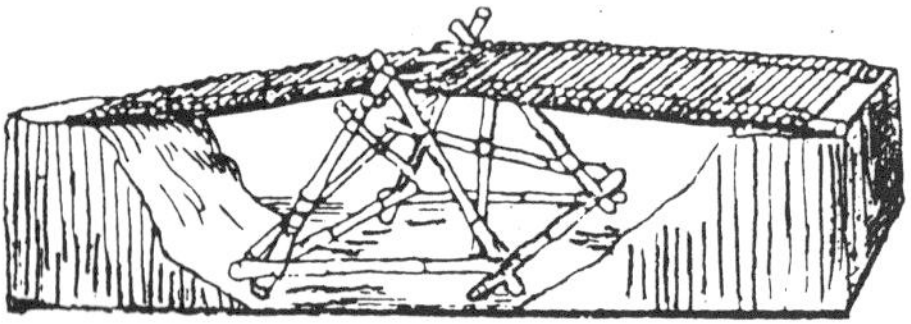

鄉間最簡易的架橋法

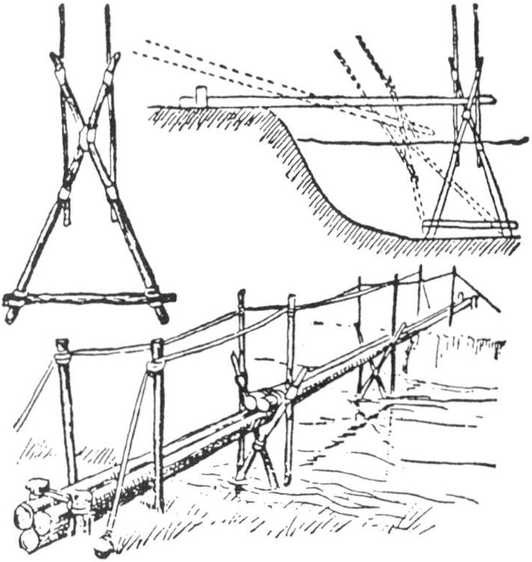

繩橋

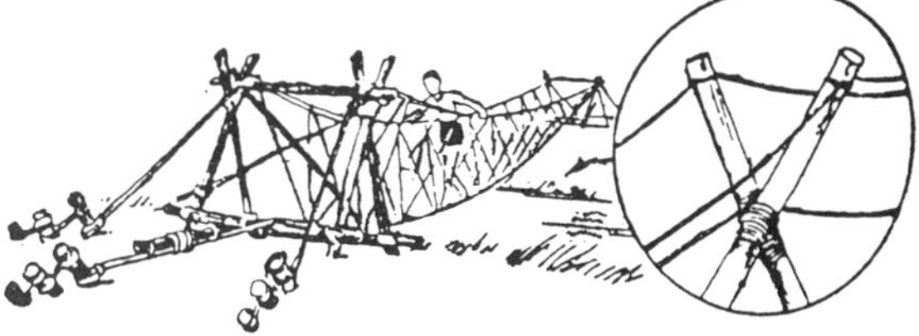

搭瞭望臺

用途

營地地勢低，不易觀察外界動態，用以瞭望及便利通訊之用。

種類

獨立瞭望臺——普通為四脚瞭望臺，此外尚有獨脚及三脚等瞭望臺式樣，惟均不及四脚瞭望臺安全及實用。

天然瞭望臺——利用營地附近樹木，築臺於樹枝間，更有隱蔽作用。

架法

1 瞭望臺高度，視需要和材料長度而決定。

2 所需材料應先配齊，然後開始架搭。

3 先將柱脚四根平置地上，每兩柱脚成一組，各加上中下三橫檔，紮成大小相等梯形兩面，上端應小於下端，約為三分之一。各橫檔之間加以斜檔固定之。

4 再用上中下橫檔將兩梯形聯合紮成立體形，各橫檔之間，同法加以斜檔固定。上橫檔之上，鋪以木桿或木板成臺面，然後設法豎立，即成一座瞭望臺。

5 瞭望臺的一邊，如用若干短枝紮一梯子，則上下更便。

6 天然瞭望臺則利用樹上枒叉處，用樹枝、竹桿或童軍棍紮成橫檔，橫檔之上鋪以木板，可站立瞭望即成，加上軟梯尤為便利。

附註

上述方法係較完美的瞭望臺搭法，如僅用上下橫檔，用斜檔四支交叉支持柱脚，成一簡單瞭望臺亦可。

製

意義

1 將地面上的地形地物縮小繪於紙上，製成簡明的地形圖（簡稱地圖）。

2 可供童子軍野外活動時的嚮導。

3 在旅行途中將經過的路程隨時記載，歸來可繪製成圖，作成報告。

種類

- 簡圖—簡單明瞭的地形圖。繪製容易，需時短暫，童子軍製圖便是此種，亦稱略圖。
- 詳圖—此種為詳細的地圖，將地面的地形地物一一列入，費時較長。
- 草圖—是初步製成的草圖，並未加工精繪製成。童子軍製圖都屬此種。
- 正圖—草圖經過整理，精工繪製，即為正圖。

用具

- 主要的—木質製圖板、繪圖紙、圖釘、練習簿、羅盤、米尺（長以十五公分為方便）、量角器、兩腳規、鉛筆、橡皮。
- 附屬品—三腳架、小刀、木棍、單雙旗（測量時用作目標，並可通訊）。旅行袋（用以放置製圖用具）。

圖

製圖之前

知道步幅

製圖時測量距離往往憑步測，並以複步計算為便。例如兩步為一公尺半，二十複步即爲三十公尺。在製圖時，再按比例規定縮短於圖上。

辨明方向

圖上方位最為重要，童子軍製圖，即用羅盤測定北方，再利用羅盤上的度數，計算各部份的位置。方向的符號一般都用箭頭表示，箭頭所指為北方，餘可類推。

確定比例尺

比例尺是把實地的距離，縮小若干倍於繪圖紙上，即圖上物體之長與實物之長的比例。製比例尺，應看地形和繪圖紙的大小而定，總以所繪的地形，適合繪圖紙的大小為原則。例如繪圖紙長三十公分，寬二十公分，地形長三百公尺，寬二百公尺，比例尺可用千分之一，即地上一公尺長，在圖上縮為一公釐，地上十公尺長，圖上縮為一公分。如面積過大，比例尺可用二千分之一或一萬分之一……。圖上比例尺的長，應和真實的尺度完全等長。

記熟符號

地面上的地形地物都應用符號表示，所以，製圖前須記熟這些地圖上通用的符號（見後頁）。

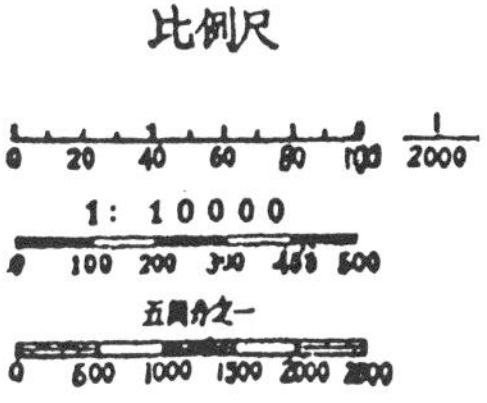

製圖應用符號

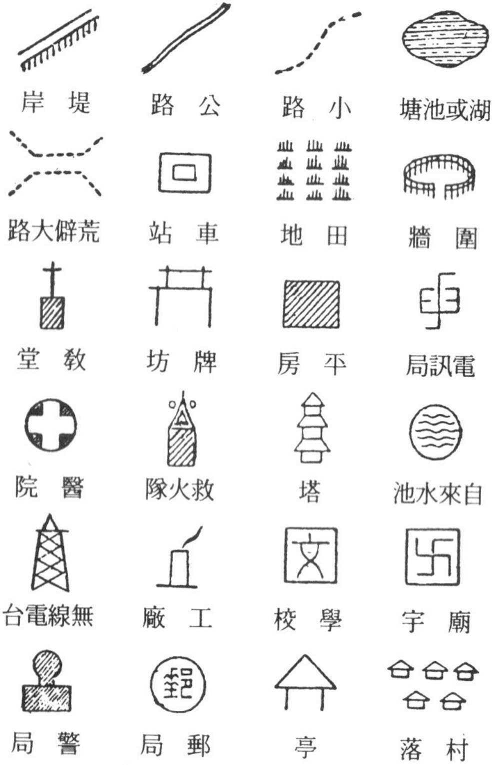
堤岸
公路
小路
湖或池塘
荒僻大路
車站
田地
圍牆
教堂
牌坊
平房
電訊局
醫院
救火隊
塔
自來水池
無線電台
工廠
學校
廟宇
警局
郵局
亭
村落

地 草
林 樹
流 河
線 電
樑 橋
脈 山
葦 蘆
園 果
地 低
地 高
林 竹
泉 溫
路道市都
路 鐵
原 高
欄 圍
池 澤
園 花
房 樓
署 官
地 墓
地 沙
區 禁
井

製

製圖

測繪同時進行法

觀察地形

繪製地圖，應先將所要繪製的地形詳加觀察，務使腦中先有一概念，如該地有高處可觀望，則對於地形的觀察，尤能一目瞭然。

決定方位

觀察地形之後，須將方位辨別清楚，決定繪圖紙的縱橫地位，再把表示方位的箭頭，繪在繪圖紙的右上角，或其他適當地位，箭頭多向上，指示北方。

製比例尺

視繪製的範圍，確定比例尺的倍數，將比例尺繪在紙的下部近邊處。

取圖根點

選定顯著的地物如樹木、房屋，或地形如道路之一點作為圖根點，由此出發，開始測繪。

測量繪製

依次將測量所得，逐一將地形地物、應用符號繪於紙上，如有兩人，則一人擔任測量，一人擔任繪圖，合作進行。

清理圖面

繪製完畢，宜將圖面清理，用墨水筆繪好，即告完成。

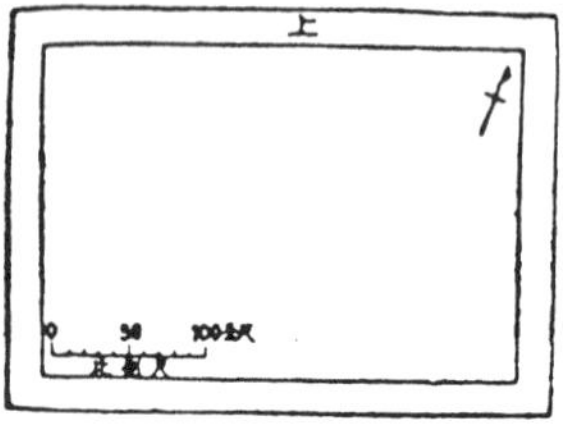

圖

方法

根據測量紀錄製圖法

- **學習程序**：有了邊測邊繪基本的製圖方法後，可以進一步去學習憑測量紀錄製圖的方法。這是旅行途中最適用的。
- **優良之處**：可以個人擔任工作，可以減少用具携帶，可以專心從事測量，可以待測量完畢後，在目的地或回家來靜心製圖。不僅能在固定地點應用，就是旅途中要繪製路徑圖，亦適用此法。
- **測量紀錄法**：先找定目標一點，用羅盤測定地平經度的方位，對準了目標一直走去，用步數測出兩點間的距離，沿途計數步數，並將各種地形筆記於簿上。待第一點測量紀錄後，再找第二個目標，依法進行……直至所要測繪之處，完全測畢為止。紀錄方法：可用橫行紙，每一行代表著每一個羅盤路向的地平經度，任何地物地形，在你向著地平經度進行時，出現在左邊的，就用符號或文字紀錄在線的上邊，出現在右邊時，則紀錄於線的下邊，見後舉例。
- **製圖手續**：在繪圖紙上先決定方向和比例尺，然後根據測量紀錄用量角器（或用羅盤亦可）確定各部份方位，逐一將實測所得，按照規定比例縮小，應用製圖符號繪於紙上即成。

附註—高級童子軍露營報告，均須附有營地簡圖。

(一)測量

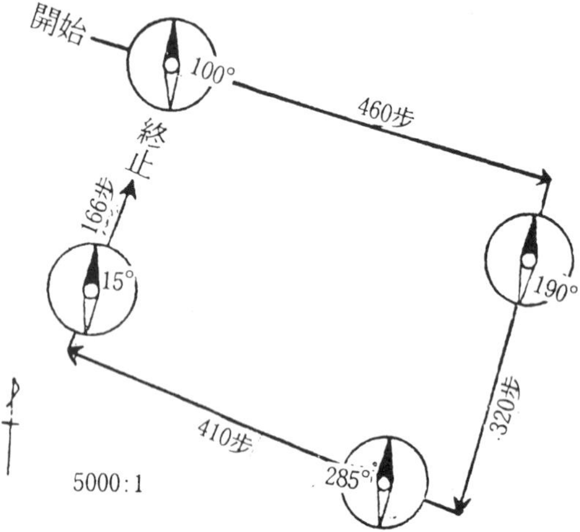
開始
100°
460步
終止
166步
15°
190°
320步
410步
285°
5000:1

(二)紀錄

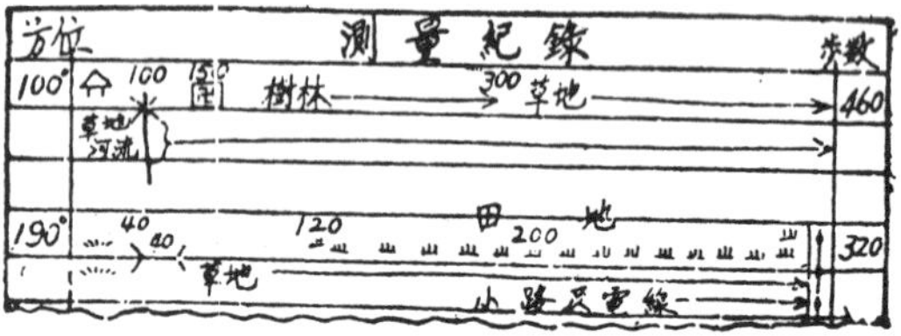
方位
測量紀錄
步數
100°
100
樹林
300
草地
460
草地
河流
190°
40
40
120
田
200
地
320
草地
山路及電線

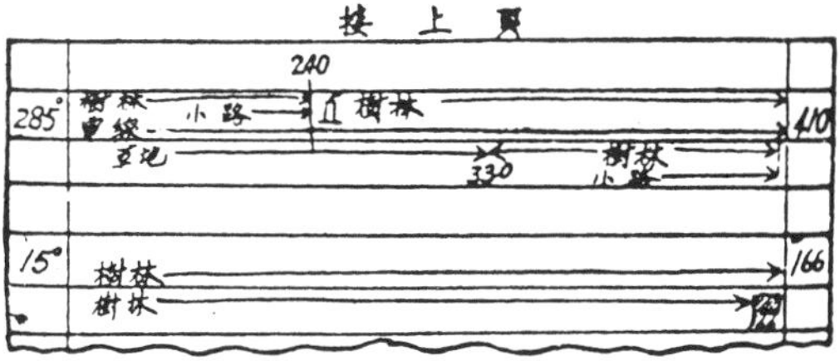

圖　製(三)

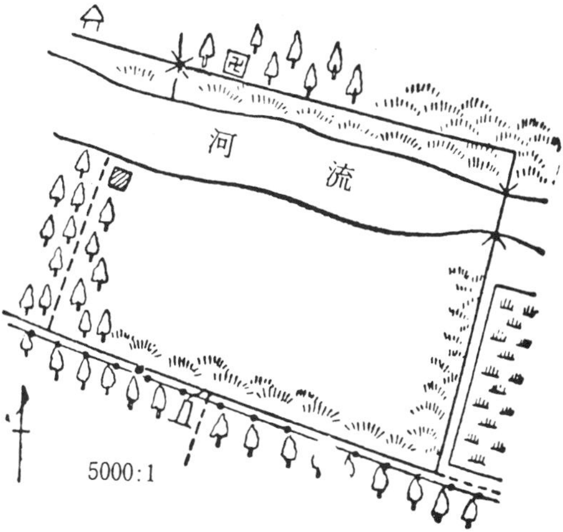

測量

目的

憑童子軍銳利的目光去觀察估計事物，便能獲得迅速且正確的判斷力。

目力測法

一般情形

- 距離五〇公尺—來人面目，都很清楚。
- 距離一〇〇公尺—來人面目不甚清楚。
- 距離二〇〇公尺—人身各部，尚可辨別。
- 距離三〇〇公尺—面目稍模糊。
- 距離四〇〇公尺—面部不能分辨，惟兩足行動尚可見。
- 距離五〇〇公尺—尚可辨出衣帽的顏色。
- 距離六〇〇公尺—頭部如一點。
- 距離一〇〇〇公尺—人身好像一枝小樹。
- 距離一五〇〇公尺—電桿木隱約可見。
- 距離二〇〇〇公尺—隊伍的進行如一黑蟲蠕動。

注意要點

- 易誤爲遠—跪下或坐下測時；目的物和背景同色時；地面高低不平時；有物阻隔時；目的物在暗處時；有霧和天陰時；祇看見目的物一部份時；在窄小的街巷處時；均常認近為遠。
- 易誤爲近—背日站立時；天氣清爽時；背景顏色不同時；地面極平和積雪時；由上看下或下看上時；看水面或深谷處時；均易認遠為近。

估計

距離觀測

移形測法

童子軍站在河岸邊A點，將平邊帽帽邊上下移動對準對岸B點，使與視線直成一線，然後轉一方向，帽邊所到的那點C點記清，量出AC兩點間距離，即等於AB河面的距離（見圖）。

三角測法

測量河面距離時，測者可先站定岸邊A點，直望對岸，認定一目標E點；然後沿AE的直角線，沿岸邊隨意向前走若干步，假定五十步為B點。再前進二十五步至C點，使BC之長，適為AB之半。再沿BC的直角線，背河前進，至望見B與E適成一直線時止為D點。量DC之距離，即為河面闊度之一半（見圖）。

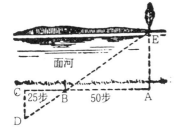

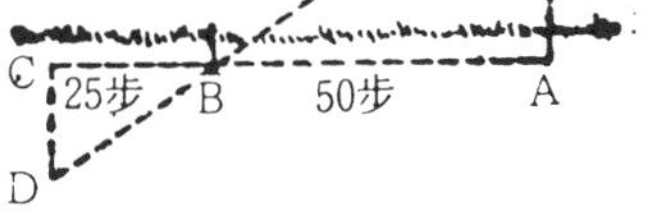

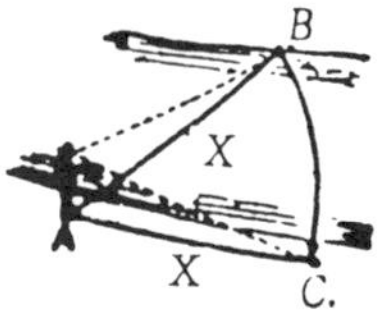

高度

比較測法

用手執住鉛筆或小樹枝，向前平舉，利用目的物旁的樹、籬笆、人體，或臨時做一個記號的高度，祇用一雙眼把他的全部視線收入鉛筆上，緊記著他的長度，用來比較目的物高度有幾倍長，把所得的結果，和被利用物體的高度相乘，就得到答數。

木棍測法

假定測量ＡＢ之高度時，一人可由Ｂ點向外走若干距離臥下，眼睛靠近地面在Ｃ點。另一人持棍在ＣＢ間聽從左右前後移動，直至棍頂的Ｄ點，恰與Ａ點成一直線為止，然後量出ＣＥ與ＣＢ中間的距離，ＣＥ被ＣＢ除開，再用他的得數乘棍高，即為ＡＢ的高度。例如ＣＢ是96步，ＣＥ是16步，96被16除，得數是6，木棍長一公尺半，所以ＡＢ的高度，等於一公尺半的六倍，便是九公尺（見圖）。

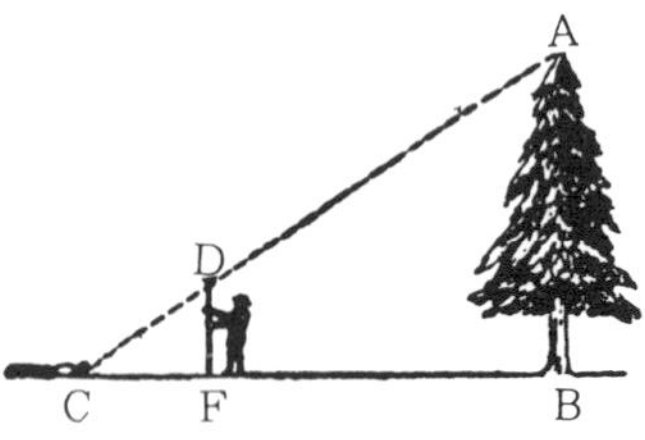

觀測

物影測法

有太陽時，可以利用物體的倒影來測量高度，方法是先看被測物影子的長度，再找附近任何短物的影子（或即用人影或立棍成影均可。）知道短物的實長，和影長之後，便可算出目的物的實長了。例如短物實長一公尺，物影半公尺，而目的物的影子長五公尺，那末目的物的影子，和短物的影子為一與十之比，目的物一定比短物高十倍，高度是十公尺了（見圖）。

橫倒測法

手執短棒一根，對準所測物體，（見圖）用右眼觀測目的物高度，使短棒上長度與所測物體的高度在同一視線上，然後將短棒橫倒，量出地面上A B兩點距離，即為所測主體A B兩點的高度。

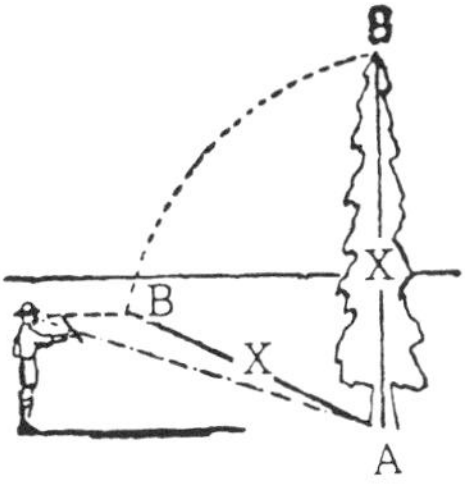

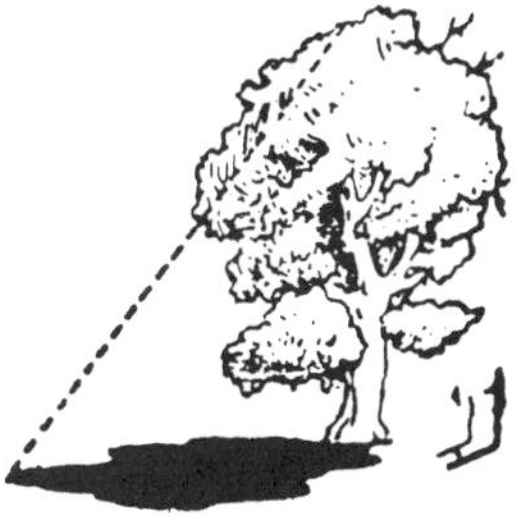

量測

面積觀察

方形面積測法

凡正方形之面積，以一邊自乘即得。長方形之面積，則長濶相乘求得。例如營地一方，長四十公尺，濶二十公尺，四十與二十相乘，答數為八百平方公尺，這就是營地的面積了。

一般面積測法

土地面積多不成方形時，則可劃分若干直角三角形，將各三角形的面積求出後，相加即是。例如有不規則情形的土地一塊，可先將地形繪一草圖，然後分成若干三角形（如圖），將棍柱立於AEB各點，一人再持一棍，由E點走至F點，三棍成一直線，使AF線同FB線恰成直角，再將AF與FB的距離量出，將兩數彼此相乘，用二除，便得AEB三角形的面積。同法再求其餘三角形面積，最後將各三角形面積相加，即為所求面積的總數。

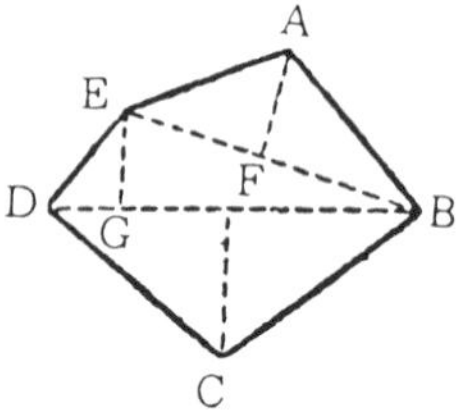

功用

1能迅速且持久行走長距離的路程。

2由行走的時間，能測知路程的距離。

3知路程的遠近，能於一定的時間到達目的地。

估計

跑走相間估測法

方法

法則

用跑走相間的方法，在十五分鐘內行走二公里，遲早不得超過半分鐘。

練習須知

1 用四十步跑、四十步走，相間地進行。如用三十步或五十步跑走相間也行，可由各人自己去體驗後決定。

2 行走時姿勢須自然，挺胸、閉口、用鼻呼吸，並默念步數，記數以複步計算為簡便。

3 練習的地方，以野外空氣清鮮處為最適宜。

4 在練習時，不要時時去看錶，以免依賴成性。

5 成功的要訣，就是練習、練習，再練習。

計算

由時間測路程

公式：2公里×（時間÷15）＝路程

例：2公里×（60分鐘÷15）$=2\times\frac{60}{15}=\frac{120}{15}=$8公里

由路程測時間

公式：15分鐘×（路程÷2）＝時間

例：15分鐘×（8公里÷2）$=15\frac{8}{2}=\frac{120}{2}=$60分鐘

附註

高級中之測量（JUDGING）原意是「判斷」「估計」，英美法日等國規定差誤不得超過百分之二十五，我國則規定差誤不超過百分之十為度。與專科中之測量（SURVEY）純係數學，性質迥異，故不可視為一事。

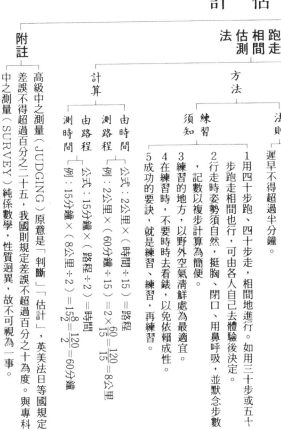

我的永備尺

我身長	我一手高舉長	我手長	我兩手長	我手跨長

我拳頭長	我指節長	我脚長	我便步長	我跑步長

瞭解各種交通工具的時刻和價目

我到住家所在地查勘到台北（北部到高雄）的紀錄

交通工具 區分 紀錄	時刻	價目
火車		
汽車		
飛機		
輪船		
其他		

觀

旨趣

1大自然是一部科學全書，蘊藏著人類生活中無窮盡的知識。

2童子軍在野外生活中從事自然觀察，是針對課本實習的良好機會。

3觀察自然，可以認識自然界的偉大。

怎樣觀察動物

1參觀博物館，觀察鳥獸的形狀，供實地的參考。

2日出前到野外去觀察鳥獸動作，並記其名稱。

3採集各種昆蟲，製成標本。

4製作鳥巢獸屋。以供鳥獸棲息。

5每年於一定地點散置鳥糧及水，供小鳥遊浴之所。

6參觀動物園，研究各種獸類的形狀和習性。

7在野外旅行發現獸類時，試攝取其影像。

8試作獸類足跡的模型。

察

怎樣觀察植物

1 舉行小隊旅行，從事研究植物。
2 筆記研究經過，描繪枝、葉、花、果的形狀。
3 採集各種植物(包括花、草、竹、木及藻類等)的枝、葉及花果，製成標本。
4 用各種方法影印樹葉形狀。
5 採集各種樹木樣式。
6 熟悉當地的樹木。
7 調查當地可食的植物和有毒植物。
8 舉行採集植物標本競賽。

怎樣觀察礦物

1 採集海邊的石子或貝殼，研究其構成體質的成分。
2 研究砂土、礫土、黏土各種土壤的成份和顏色。
3 研究火成岩、水成岩、變質岩的狀態，並採集標本。
4 在旅行時多檢拾各種礦物標本，攜回加以整理。

觀察

1選定某種禽鳥，盡力研究它的一切。

2它的名稱。

3它大部份時間用在什麼地方。

4它喜歡住近人家，抑喜歡住在樹林裏面？

5它是一個愛羣的鳥，喜歡成羣生活嗎？

6你覺得它的特性怎樣？

7它終年和我們相見嗎？還是一個候鳥？

8如果他不長留，它在夏天或冬天跑到什麼地方去？

9你第一天見它的時候，它在做

鷹

貓頭鷹

雉雞

烏鴉

什麼？

鳥類要點

10它喜歡吃什麼？

11它用什麼方法取得食物？

12它所吃的菓實比蟲類多嗎？

13它怎樣飛落地上？走？跳？飛行？遊泳？那些時候多？

14它飲什麼？

15你知道它所唱調子所表示的意思嗎？

16你能夠從鳥足、鳥嘴、翼膀和尾巴，看出鳥類的生活習慣嗎？

17你能夠接近它去研究鳥類的羽毛嗎？他的頭頂、項背、尾部、胸部和翅膀的顏色如何？能

啄木鳥

鷺

鶯

鴿

觀

在距離較遠的地方看到它身上顯明的顏色斑點嗎？

18 它怎樣睡眠？

19 你知道它的敵人是誰？

20 你看見過它的敵人將它捕獲，或毀壞它的巢穴和鳥卵嗎？

21 它們怎樣保護自己？

22 描述它的形狀。

1 你在什麼地方找到的？

2 它的名稱？

3 你發現它時，它在做什麼？

4 它是單獨一個呢？還是有許多在一起？

燕

雀

蜻蜓

龜

察

觀察昆蟲要點

5 它喜歡吃什麼東西？

6 它怎樣吃？他用牙齒去咬呢？還是用嘴吮吸？

7 它怎樣行動？用足抑用翅？或他能跳躍、行走、飛翅、抑能游泳？

8 它會叫嗎？怎樣的聲音？

9 它住在什麼地方？

10 它自己築一些掩藏住所嗎？

11 你發現過一個發育完成或幼小的蟲嗎？你怎樣知道的？

12 你看見蟲卵嗎？

13 你見過繭和蛹嗎？在什麼地方？它像什麼？

蛾

蜂

蜘蛛

蝶

蝸牛

螻蛄

蛇

14你見過蛹發育成長嗎？

15你見那種蟲類脫皮嗎？

16它怎樣保護自己脫離敵人？

17它有那些敵人？

18你能舉所見，證明它是人類的朋友抑是敵人嗎？

19你以為與它最有關係的昆蟲是那些？你怎樣推測的？

20描述它的形狀。

1它叫什麼名字？

2在那一季出現？

3是家畜？還是野獸？

4它大概有多高？

蚱蜢

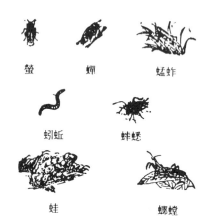

蟬

螢

蟋蟀

蚯蚓

螳螂

蛙

觀察獸類要點

5頭部：它的耳朵是怎樣的？位置如何？能夠活動嗎？眼睛的顏色、形狀、及位置如何？鼻子的形狀和位置以及嘴部形式怎樣？是那一種牙齒？喜歡吃什麼東西？舌頭的形狀及如何運用？嘴上有鬚或觸角否？

6身體：腿是長的抑是短的？它的前蹄和後足各有幾個足趾？他們用爪自衛嗎？它的足趾間有皮相連嗎？它的腿和足適宜於跑走、跳躍、爬行、抓握和攀登嗎？尾巴是長的抑是短的？

蝙蝠

松鼠

鹿

觀察獸類要點

他的皮毛和功用如何？如何掩蓋身體？如何保護身體？上面和下面的顏色如何？那種顏色可以幫助它埋藏著去逃避敵人嗎？它的外貌是否美麗？

7它吃什麼東西？它如何覓食。

8它住在地面上抑地洞裏？在水中或其他地方？

9它是獨居抑同居？成羣結隊嗎？

10它在日間還是在夜間活動？

11它的家在那裏？怎樣建築？

12它的動作迅速活潑？強壯勇敢？偷偷摸摸或害羞？它行走、跑

狐

猴

羊

走、跳躍或疾飛嗎？

13 它在什麼地方？睡在什麼位置？

14 它怎樣玩耍？如何表示忿怒、喜悅和恐懼？

15 它會發聲嗎？聲音怎樣？

16 它如何保持清潔？

17 它怎樣保護幼小？怎樣喂哺、携帶、保持清潔、防衛？

18 它如何逃避敵人？如何與侵略者爭鬥？

19 它怎樣度過寒冬？

20 試將它畫一草圖，並可將它的足印繪下。

野兔

野豬

熊

觀察樹木要點

1. 該樹喜歡生長在何處？
2. 樹的名稱？
3. 將樹身形狀繪一草圖。
4. 試繪其葉的形狀，或用墨印出。兩面是否相像？
5. 這樹如何保護嫩芽？這些嫩芽何時生出來？
6. 樹葉是否同時降落？你能夠在無葉時認出該樹嗎？
7. 該樹如何得到營養？它需要些什麼營養？
8. 它吸收水份嗎？怎樣？
9. 它呼吸嗎？怎樣？
10. 有花嗎？那一種？怎樣開花？

橡

杉

柏

柳

松

11將它的花繪一草圖。

12該樹結什麼菓子？菓實如何離開葉身？

13你能夠從樹身斷面的年輪，知道樹的年齡嗎？

14你所研究的樹，我們可以利用其任何部份嗎？

1那種花草在什麼地方生長？

2花草的名稱？

3挺立地面抑接近地面？蔓延而生抑或自己能夠支持自己？

4花朵叢集而生抑單獨生長？

5花蕊在未開花前它如何保護？

楓

樅

白楊

蒲公英

車前

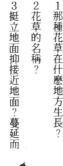

觀察花草要點

6 每朵花有多少花瓣?是什麼顏色?你能找出雄蕊和雌蕊嗎?

7 花香如何?

8 你能找到花蜜嗎?該花如何引誘昆蟲發現花蜜?

9 花為什麼需要昆蟲的接觸?蜜蜂對於花粉與花蜜如何?

10 花在夜間與日間的形狀相同嗎?陰天和晴天如何?

11 試描述其種子。

12 種子的內部構造如何?成熟的種子如何分開?

13 該花草中有無鳥類或獸類食用的部份?

牛蒡

馬齒莧

狗尾草

牽牛

薺菜

蘭

14 它有敵人嗎？它能否受保護或自衛？

觀察礦石要點

1 從什麼地方找到的？
2 它的名稱是什麼？
3 外形如何？
4 什麼顏色？
5 如與鋁鉛比較？較輕抑較重？
6 堅硬抑脆弱？用刀口或小釘可以劃一裂痕嗎？
7 試述其構成的成份。
8 我們如何應用它？
9 如果是有用的，它如何能適應用途？

附註

高級童子軍對於自然觀察，最低限度須能認識動物三種、植物五種，並知道它的習性。

人像觀察分辨

人像的觀察

面貌溫和，五官端正，多屬善良的人。

眼露兇光，多屬作惡犯罪的人。

呆目視物，身手不靈活的多屬愚笨的人。

穿著及服飾過份化裝，近似女性者多屬浮囂子弟。

耳目聰明，顏貌和悅者多屬樂觀具有智慧的人。

戴帽的觀察

戴帽略側，多屬精明忠厚的人。

戴帽過斜，多屬浮華狂暴之徒。

戴帽仰後，多屬浮華且喜負債的人。

戴帽平正，多屬謹慎而稍遲鈍的人。

觀察所戴何種帽，大概可知他屬何種人。

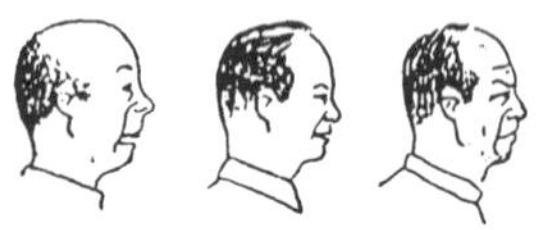

自然標本製作

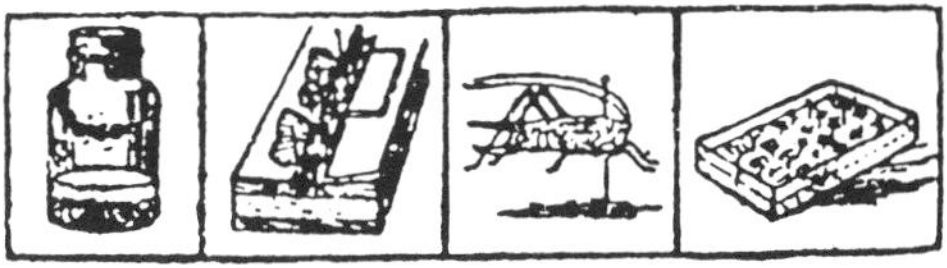

昆蟲標本的製作

花草標本的採集

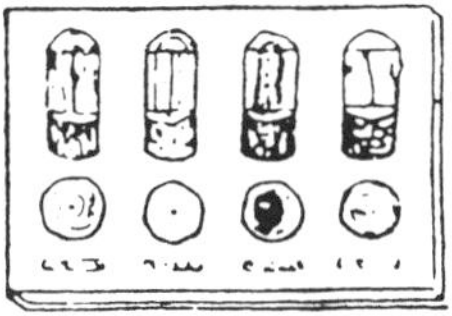

樹木標本

礦石標本

星象

旨趣

1 認識星象，可以增進野外夜間生活的樂趣。

2 利用星象辨別方向，不致因黑夜而迷途。

3 觀察星的移動，可以推測計算時間。

星象觀察法

1 從已知的星座去觀察認識其他的星座，例如高懸北天的大熊座，已在中級方位中學習認識，從而再觀察附近的牧夫座，從已知的仙后座，可觀察附近的飛馬座，逐漸擴大認識其他的星座。

2 從光亮的一等星，依照星圖去認識其他未知的一等星和星座。例如衆星中最光亮的一等星天狼，在獵戶座的脚旁，可從天狼星（在大犬座）去觀察認識附近的一等星南河三（在小犬座）。又如銀河兩旁光亮的一等星座有織女（在天琴座）、河鼓二（在天鷹座）遙遙相對（古代傳說中有牛郎織女鵲橋相會的故事），從此可觀察認識附近的天鵝座等是。

3 觀察星圖與觀察地圖的方法不同，圖上東西方向適相其反，所以星圖的觀察，應將圖高舉，仰面而視，先對準了圖上的方位，不難一一辨認，從已知去認識未知。

觀察

星象測向法

1可從大熊座測知北極星所在位置（參見星圖以下同）。

2可從仙后座測知北極星所在位置。

3可從天龍座測知北極星所在位置。

4可從獵戶座測知北極星所在位置。

5可從天鵝座測知北極星所在位置。

6可從飛馬座測知北極星所在位置。

（從α β兩星引長線即知北極位置）

星象測時法

1觀察星圖，先認清各一等星和各星座的方位所在。

2明瞭星的移動如同太陽一樣，自東向西，週而復始，圍繞一週，適約二十四小時。（其實星為桓星，因地球自轉，故人眼中好像星在移動。）

3以北極為中心，各星移動十五度，需時為一小時，由此可以類推計算（同時刻星體的位置，每日向西移動一度，故視星體在同位置者，每日提早四分鐘）。

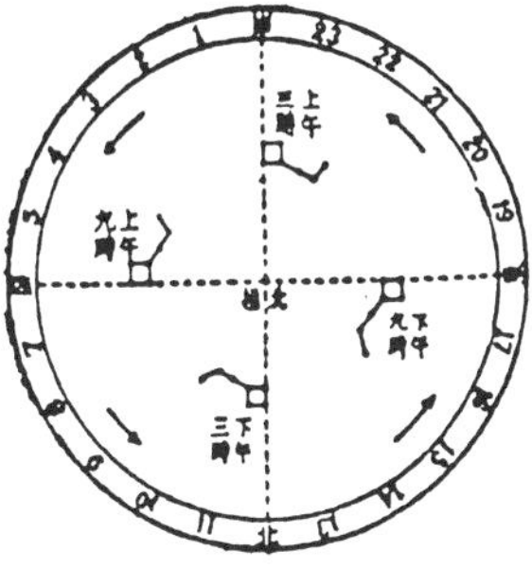

天上的時鐘

附註——高級童子軍能認識主要星座五座，知道他的方位和時間的關係即合格。

座星的季夏

一等星：御女（獅子座）
角（室女座）

南

大角（牧夫座）
心宿二（天蠍座）
河鼓二（天鷹座）

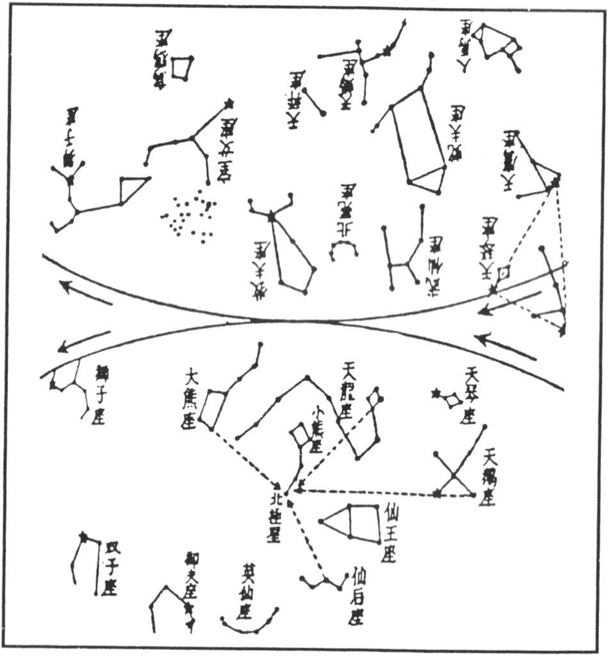

一等星：織女（天琴座）
天津四（天鵝座）

北

五車二（御夫座）
北河三（雙子座）

夏季的星座

一等星：北落師門（南魚座）、畢宿五（金牛座）

南：參宿四及七（獵戶座α及β）天狼（大犬座）南河三（小犬座）

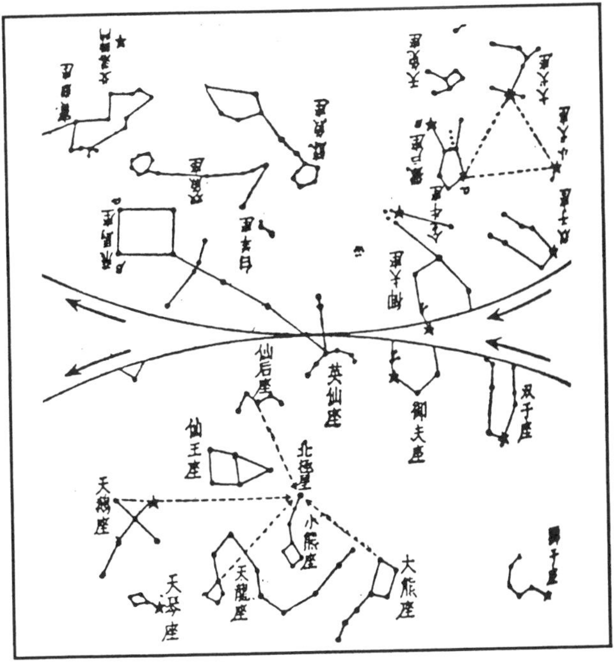

北：五車二（御夫座）織女（天琴座）天津四（天鵝室）

一等星：御女（獅子座）北河三（雙子座）

氣候

旨趣——觀察自然現象，預知未來氣候變化。

雲和天氣的關係

1 輕而飛快的雲，本身顯示著風的存在。

2 輕而飛快的雲又低飛，它上邊有密雲層，是指明有風有雨。

3 黑而小片的雲，指明著要有雨。

4 輕薄的雲，而且成為鬆軟的堆子，那是預示好天氣。

5 稠密的雲，輪廓直齊，又放白光，那是雨要來，可能還有風。

6 霧狀的「濕」雲分佈得高高低低，或停留或降低，那是預示風和雨；倘若它們消散，則天氣有可能放晴。

7 高雲飛動的方向和下邊的低雲飛動的方向相反時，那高的雲便是指示著未來的真風向。

主晴之兆

天象方面

- 清晨天現灰色，或晨間大霧。
- 日落時天色紅黃，帶有煙霧，下落時特見其大。
- 晚間有虹。夜間月明星朗。

動物方面

- 鳥雀飛翔甚高，海鳥向海飛去。
- 雄鷄登高報曉，蜘蛛張網屋外。
- 螞蟻出穴覓食，蜻蜓雨後出現。

預測

一般預測氣候常識

- 主雨之兆
  - 天象方面
    - 清晨天現紅色，或雲低天暗，或有虹。
    - 日落時，天現黃綠色或灰色。
    - 日月有暈，星光閃爍不定。
  - 動物方面
    - 鳥雀低飛，爭棲。
    - 魚躍水面，青蛙亂鳴。
    - 螞蟻歸穴，蜻蜓低飛。
  - 其他方面
    - 空氣忽然潮濕，炊煙不能高升。
    - 看遠山覺近，聽遠聲清晰。
    - 夏季天氣悶熱。
    - 厠所臭氣增加，報紙呈潮，帳繩緊縮。
- 主暴風雨之兆
  - 天象方面
    - 日月有光環，或有暈。
    - 天驟黑暗而有暴風。
  - 動物方面
    - 鳥飛甚低，急於歸巢。
    - 海鳥向陸飛來。
    - 牛羊匿跡。

附註—注意氣象臺每日天氣預報，留心觀察天氣變化情形，日久經驗自豐。

泳　游

旨趣

1 為童子軍活動範圍開闢新的領域（從陸地到水上）。

2 增進體能使全身肌肉平均發展，強健心臟、肺部及神經系統；養成沉著、奮鬪、剛毅、果敢的德性。

3 訓練童子軍技能，用以自救救人。

沒水及水中呼吸

目的—使學者熟習頭部沒水及水中呼氣動作。

動作

預備—學者直立水中，兩足分立，水齊胸部，兩手下垂。

一—張口作深長吸氣一次。

二—兩手按覆於兩腿上。

三—身向下俯，兩手沿腿部按覆向下，以達膝蓋處，使頭部沒入水中，同時用鼻在水中緩緩呼氣，此時兩目宜張開，在游泳時宜養成水中張目的習慣。

四—身體直立，回復預備姿勢。

（一）

潛水

目的

使初學者體驗身體在水中上浮的動作，並增進其「不怕水」和「親近水」的信心。

動作

第一步

- 預備—直立水中，兩足相並，兩手下垂，水齊胸部吸氣。
- 一—張口吸氣。
- 二—曲膝，身體俯伏入水，兩手在膝蓋下相接抱住，兩足在水中立住，勿使離底，此時，必可覺察水的上托力，有使身體自然地趨向上浮，而使兩足不易站定之勢。
- 三—兩手鬆握，身體直立，回復預備姿勢。

第二步

- 預備—同上
- 一—同上
- 二—同上，但此時兩足離底，而使身體向上浮起，以期實地體驗身體的上浮動作。
- 三—兩手鬆握，兩足向下站定，身體直立，回復預備姿勢。

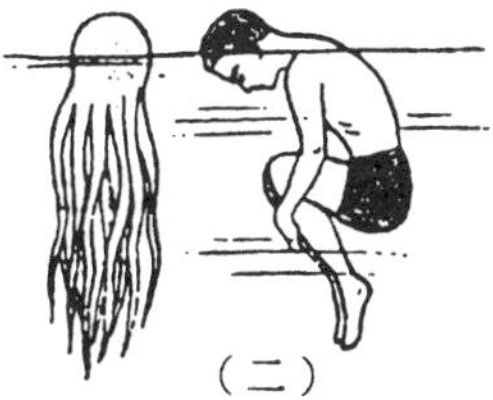

（二）

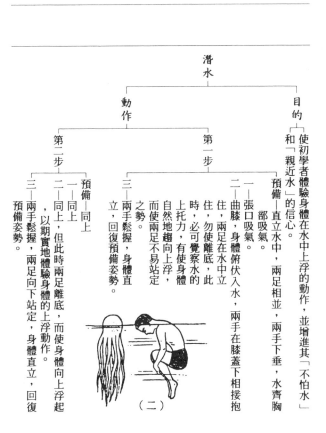

怎樣學習游泳

浮水

- 目的——使學者熟習浮水動作。
- 動作
  - 預備——立於水中，上體前傾，水齊肩部，足相並，腿靠緊，兩臂則向上斜伸直，掌心斜向下，手指伸直相並，目視前方。
  - 一——張口吸氣。
  - 二——兩足向上躍起，使身體撲於水面，此時，身體必須保持平直姿勢，胸挺起，兩足並緊，頭部則平沒水內（按此時，初學者恒易昂起頭部，致使兩足自然趨向下沉，於是身體失却平衡而不易浮起）。

兩足撥水

- 目的——使學者熟習兩足撥水動作。
- 動作
  - 預備——學者伏臥游泳池邊，兩手握住池邊木棒，兩腿靠緊，兩足相並，向後伸直。
  - 動作——兩足在水內交替上下擊水，此時膝部勿彎曲，足趾

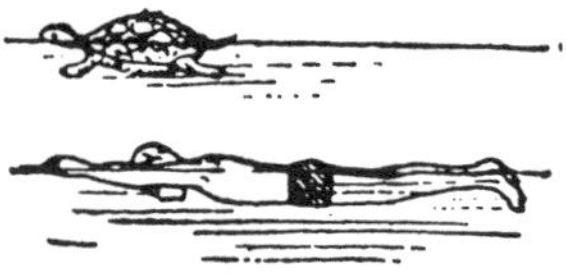

（三）

（四）

並緊，足掌伸直，藉小腿之力上下打擊，兩足上下移動的距離約六英寸。

兩手划水

- 目的——使學者熟習划水動作。
- 動作
  - 預備——學者立於水中，兩足分立，上體微向前傾，水齊肩部，兩臂向前平伸，適當水面下，兩手掌以拇指互相並靠，手指相並，掌心向下。
  - 動作——左右兩手，交替向前後如划槳一樣，轉動划水。其法：先轉動右腕，使右手掌心斜向外方，乃向下向後划水，等划至身體右側齊右肩處時，即將右臂提出水面，回復預備姿勢。次左手亦如法行之。右左兩手，交相動作，熟習而止（注意：兩手划水時，划水的著力點是手腕及下膊部）。

（五）

划水與撥水

目的

使學者熟習划水與撥水的連合動作，在水中游泳前進。

此即是自由式泳法。

動作

張口作深長吸氣後，即依前節浮水動作，使身體撲浮水面，乃用兩手兩足，同時划水撥水，游泳前進。此時，手與足的划水撥水動作，必求左右協合，如走路然，即當右手划水時，同時左足下擊撥水，當左手划水時，同時右足下擊撥水，頭部則平沒水內（頭部平沒水內，能減少游泳前進時水的阻力）。

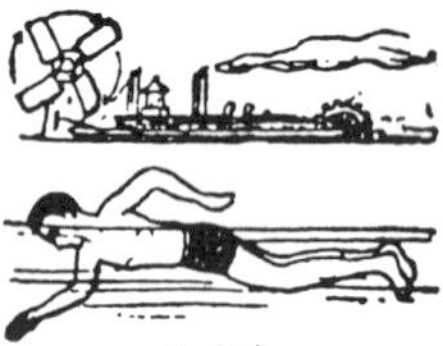

（六）

呼吸

如需吸氣，可俟右手划水向後，行且提出水面時，乘勢將頭部右轉昂起水面張口吸之。吸足後，頭部轉正，平沒入水，並在水中緩緩呼氣。或候左手划水向後，行且提出水面時，乘勢將頭部左轉昂起水面吸之亦可。或左或右隨各人習慣而行，但不宜左右並用，以免轉側過多，致頭部過度疲乏。

泳　游

仰泳姿勢——如圖

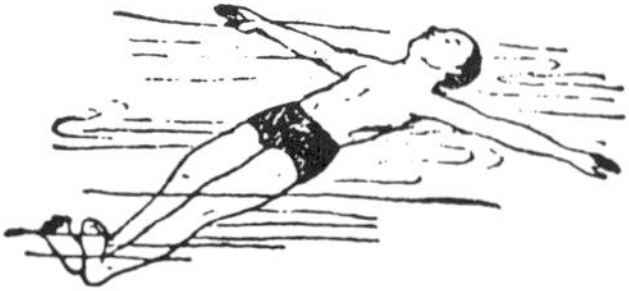

（一）

（二）

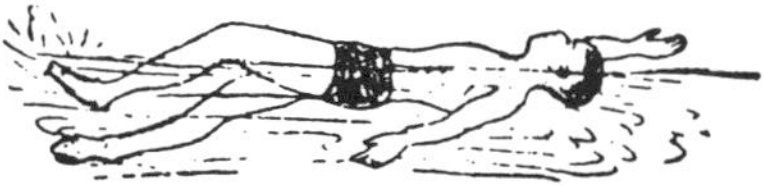

（三）

各種游泳姿勢

側泳姿勢——如圖

（一）

（二）

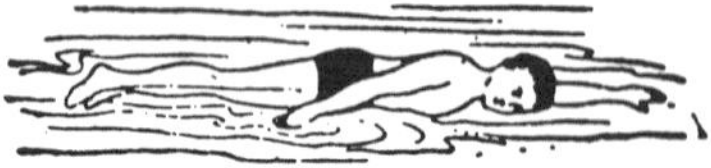

（三）

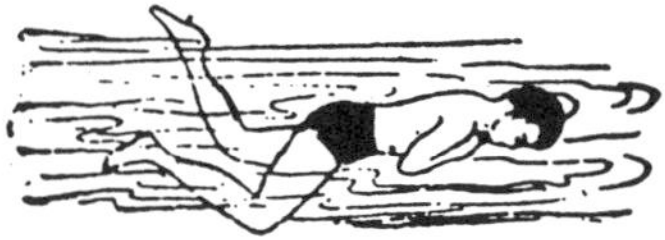

（四）

俯泳姿勢——如圖（蛙式）

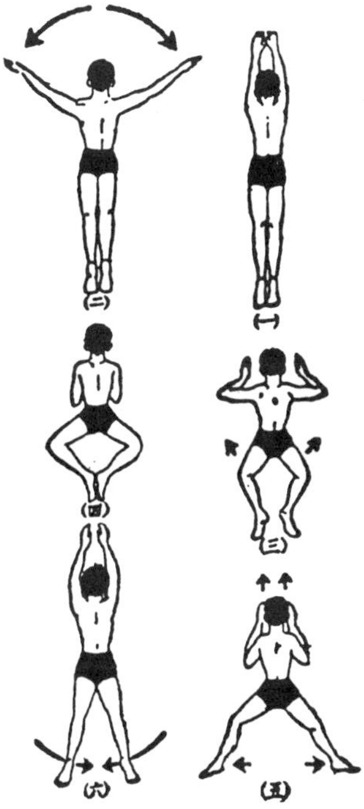

附註

各種泳法，均須由善長游泳者指導學習。人多時應採用雙人制。他

如立泳、潛泳、以及最新蝴蝶式等泳法，可在游泳專科中練習。

游泳

入水之前

1未知之地，不可輕試游泳，須向熟悉該處狀況的人問個明白，或和熟人同時游泳，以免危險。

2滿水之時，或降雨之後，不宜游泳。

3食後一小時半以內，不可游泳。

4入水之前，不可不熟悉水的狀態。

5中途遇雨，衣類濡濕時，不可遽行游泳。

6空腹、滿腹，不可游泳。

7激烈運動後，或多量發汗後，不宜遽行游泳。總要有充分的休息，俟身體平靜時方可。

8游泳之前，要略行運動。

9入水之前，要摩擦全身皮膚，伸屈各種關節，強行呼吸，三者俱備，然後入水，這樣不但可減少疲勞，還可防止發生痙攣。

在水

1入水之時，須慢慢進去，並要先打濕胸部和頭部。

2為防水入耳，可先塗唾液，或塗凡士林於耳內。

3在水中，務必極沉著，去恐怖心，養成和水親近的習慣。

4游泳中，不可隨意談笑、唱歌，或作溺死者之模樣。

5游泳時，不宜以足探底。

須知

中時

6游泳感覺疲勞時，即宜上陸，如陷於困難時，決不宜慌張狠狽，可求監督者救助。

7初習游泳，必須在善於游泳者前學習。

8游泳時，面部被水，決不宜以手拭之。否則積成習慣，最妨害游泳動作，並且容易陷於危險。

9游泳者，須熟記「膽大心細」四字，量自己的技能，和身體狀況以進行，千萬不可輕舉妄動。游泳時，亦應時常注意自己周圍情況。

上陸之後

1欲上陸時，須靜游一回，決不宜急遽上陸，就是到了水淺的地方，亦須靜伸兩足，俟接觸水底時再慢慢立起。

2上陸後，即宜以乾布摩擦全身。如若從海水上陸時，宜以淸水洗淨全身，然後以乾布摩擦之。

3上陸後，不宜飲生水和冰，或吃菓品，總要吃煮沸的東西。

4耳腔入水時，宜急出之，否則容易發生耳炎。取水的方法，可將入水之耳側向下方，用同方向之足上跳，或把藥棉、或用軟紙捻送入耳內吸乾之。如若無效，則應請醫生診治。

溺水的救護法

溺水自救法

1不諳熟游泳遭溺水時，須力持鎮定，身體仰向，頭向後屈，口向上方，這樣，若有機會露出水面，可吸取空氣。

2努力把空氣吸到肺裏；呼氣宜淺，緊記水中的呼吸要用口吸氣，用鼻呼氣。

3手不可向上舉，最好橫伸開去，如舉手向上，則增加身體的重心使更向下，如身體浮起時，兩手上伸露出水面，特別增加重量，再將全身壓沉到水底下去。

4見有來救的人，千萬不要緊抱著他的身體，以免同歸於盡。

5諳熟游泳的人，覺得足部起痙攣時，可將腳趾上下屈伸數次，如果無效，可將身體仰向，用兩手游泳，趕回岸邊；如腕部起痙攣，可將手指上下屈伸數次，如果無效，可將身體仰向，用兩足游泳，趕回岸邊。

救護溺者法

1在舟中見人落水，宜速將竹竿或繩索投在溺水者身邊，因溺水者沉下後，往往能再浮起，他看見身邊的竹竿或繩索，就會握住。

2在陸上見人落水，應趕緊跑至岸邊，跑時一邊解脫身上衣服，再將鞋襪脫去，入水救人，或用衣服、竹竿、木板、繩索等物投與溺者握住，然後牽引至岸邊。

3救者應謹防被溺者緊抱，如被溺者抱持，即宜放手自沉，使他釋手，或用手向後推他的下巴，或將兩手插入溺者鼻內，向後強壓，使他放手。必要時擊昏溺者，以求脫抱，然後施救。

4游泳技術高明的，可游至溺者的後方，用左手握溺者的頭髮或領，用右手握住他的右肩，使他背向自己，面部露出水面，然後用踹水法，並且把溺者的右臂拉到頸後，使他仰臥，以自己的胸抵住溺者的頭部，向岸游去。

5或者從溺者的後方前進，用左手插到溺者的右窩裏，抱住溺者的胸部，使他的面部浮出水面，然後自己用右手和足橫向游泳，向岸游去。

6溺者上岸後急救方法，可參見救護一章。

附註—高級童子軍能用任何方式游泳二十五公尺的距離即合格。

例舉法方溺救

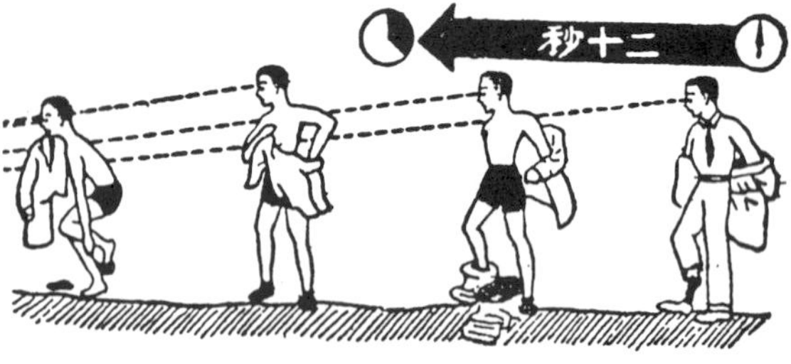

去水下襪鞋服衣去脫快快

溺救去過船划

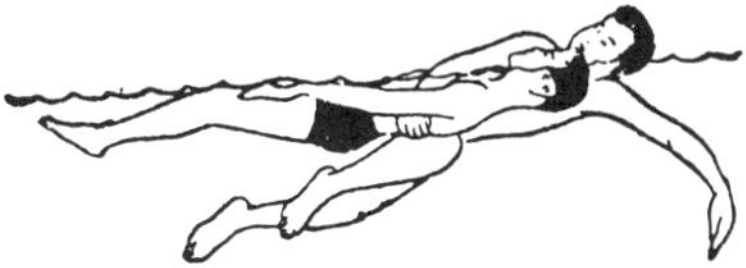

法送運胸挽用適者泳善

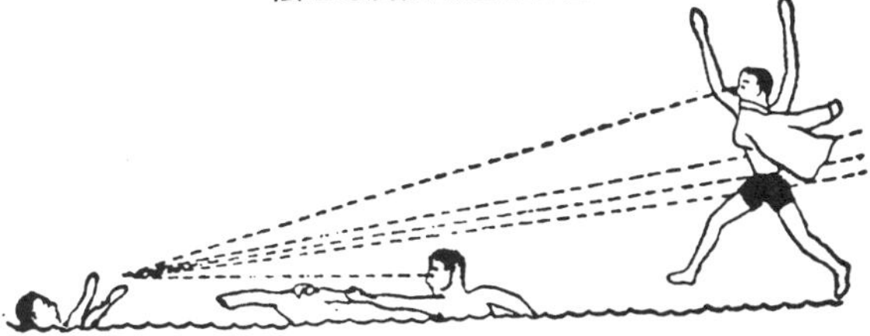

上岸回拖者溺給遞服衣把

我的運動技能

項目	團長認定合格
下列各項任選一種 一、能游泳廿五公尺距離，並知道關於游泳安全的常識和救人的方法 二、划船一百公尺（須有救生員在旁） 三、騎自行車通過二公里路程 四、會兩種以上不同的溜冰姿勢 五、射箭：能於十公尺以外，於十次以內射中直徑一公寸之圓心二次以上	
六、伏地挺身二十次	
七、仰臥起坐二十次	
八、引體向上十次	
九、耐力跑八百公尺	

電

何謂電腦

人腦發明的機器，由許多電子電路組合而成，有計算機的功能，更有記憶和判斷的能力，因此，稱為「電腦」。

電腦與家庭

- 食—用電腦設計食譜、計算食物營養熱量，控制烹調等。
- 衣—用電腦設計紡織、操控紡織、設計剪裁、執行縫紉等。
- 住—用電腦控制燈光、氣溫、防盜、防火、通訊、電梯等等。
- 行—用電腦操控車輛、飛機、輪船、交通號誌、電話、傳真、售票等。

電腦與學校

- 學校行政電腦化—學校的行政、教務工作繁雜，以電腦代替人工，提高效率，如人事檔案、學生學籍、成績、財務、帳目、設備目錄等。
- 電腦教學—教導學生學習電腦，讓學生使用電腦，如運用電腦計算數學，用電腦模擬自然科學抽象的原理及現象用電腦編寫文件等。
- 電腦輔助教學—學習上的個別差異，教師無法因材施教，用電腦輔助教學，讓學生個別學習，電腦聲光俱佳下循序漸進可達成預定目標。

腦常識

電腦與社會

電腦對人類的貢獻與影響：

- 電腦遊戲——現代青少年的休閒活動——「電動」就是電腦驅動的玩具，或稱電動遊樂器。充滿刺激、可激發思考、靈活手腦，但亦會令缺乏自制力者沉迷賭博浪費時間與金錢。
- 超級市場——購物中心使用電腦條碼標售貨物，結帳正確而迅速。
- 醫學方面——利用電腦掛號、診斷、配藥、領藥、檢查等。
- 工商業——亦普遍使用電腦提高業績、增加財富、財稅以電腦管理，杜絕逃稅漏稅。

電腦新知

- 網際網路——電子郵件、資訊快遞。資源共享普及全球。

我的休閒活動和專科章

項目	樂器	舞蹈	專科章					
名稱								
考驗委員認可簽名								
團長認可								

中國童子軍各級訓練進程

壹、初級童子軍

中華民國兒童年滿十一歲，接受初級童子軍訓練兩個月以上，能符合下列各項標準者，即可「宣誓」為中國童子軍：

一、童軍精神方面：

1能背誦並實踐中國童子軍諾言、規律及銘言，並知道宣誓的意義。

2知道童子軍的起源和中國童子軍的歷史。

3知道中國童子軍徽的意義和佩帶法，並知道童子軍制服的榮譽和穿法。

4知道童子軍三指符號及左握的含意，並能行各種敬禮的方法。

5知道國家元首的姓名。

二、群體生活方面

1知道本小隊隊名並能做隊呼、隊聲和繪製隊徽。實踐在小隊及團內應盡的職責。

2知道住所及團部鄰近的警察局、火車站、汽車站、醫院、消防隊、郵局、電信局和公用電話所在地。

3能繪製國旗，並愛護國旗。知道國旗的歷史和意義及升降懸掛的正確方法。

4熟悉操法基本動作及小隊操法。

三、童軍技能方面

1記號

(1)能在日常生活及活動中，應用下列各種記號：

前進記號

止步記號

藏信記號

我己回記號

危險記號

(2)能辨認常用的手勢訊號及警笛訊號。

2結繩

能整理繩頭和打下列各結，並知道它的用途：

平結、接繩結、雙套結、稱人結、雙半結、縮短結、活索結、繫木結。

3衛生

(1)能注重個人衛生與生活習慣，並能測量脈搏和體溫，說明生病及受傷時的身體變化。

(2)能處理繫微的創傷，並明瞭消毒和包紮的重要。

(3)能夠處理肌肉抽筋的自救方法。

(4)認知吸煙及吃檳榔的害處。

(5)知道空氣污染及河川污染對生態保育的影響。

貳、中級童子軍

初級童子軍經歷四個月以上童子軍生活，而能符合下列各項標準，得晉升為中級童子軍：

一、童軍精神方面

1能講解並實踐童子軍諾言、規律及銘言。

2有節約與儲蓄的習慣，並備有儲金簿，且能正當地使用金錢。

3知道本縣（市）理事會的所在地。

二、群體生活方面

1能經常自動自發參加小隊集會、團集會、野外活動及各種童子軍作業。

2在家庭、學校及社區鄰里從事服務而有良好的成績。

3能切實實踐國民生活須知，熟知禮儀。

5能保持住家環境排水溝暢通。

三、童軍技能方面

1觀察

(1)能在一分鐘內觀察不同的二十四件細小雜物，而記憶十二件以上。

(2)能在半小時內依據蹤跡尋出一公里間的目的地。

(3)能根據樹葉的形態辨認樹木至少五種。

(4)能辨認昆蟲五種以上，並知道它對人類的關係。

(5)能認識至少兩種不同的雲層組織，並瞭解其與氣象的關係。

2訊號

能運用雙旗收發中文數碼旗語（如電碼）每分鐘七字，或運用單旗收發中文數碼旗語每分鐘四字。

3急救

(1)知道人體流血的種類並能施行止血法及知道止血帶的用法。

(2)能應用三角巾作吊腕，並能包紮頭、手、膝和腳部。

(3)知道燙傷、火傷、扭傷、咬傷、鼻出血、微物入目及一般創傷等的急救法。

4結繩

能打下列各結，並知道它的用途：

牧童結、瓶口結、袋口結、營繩結、方回結、十字結、槓桿結。

5方位

(1)能應用指北針，知道它的度數和十六方位的名稱，並能利用指北針在地圖上定位。

(2)能利用太陽和時錶推測正確的方位。

(3)能藉植物或地上物推測正確的方位。

6生火

(1)知道刀斧及鋸子的保護法及使用法。

(2)能削火媒棒，並能以二根火柴在戶外生火。

(3)能使用其他能源之正確方法與安全（如媒氣、天然氣）。

(4)能做個人簡單的食物。

(5)能防止野外炊事用火意外，及應行注意事項。

7 旅行

(1)知道徒步旅行的方法。

(2)能使用簡略地圖在野外實施旅行活動。

(3)曾在曠野參加大地遊戲。

(4)曾有乾糧旅行或生火旅行，行程十公里以上的經驗，並能做簡單的口頭報告或書面報告。

8 露營

(1)知道露營的知識和事前的準備。

(2)能架營幕、築炊灶、掘廁所，並利用自然物作營地設備。

(3)能作小隊的野外炊事。

(4)知道露營時應有的作業和活動。

(5)知道營地的安全與衛生。

(6)具有隔宿（一晚）露營和信宿（兩晚）露營的野外生活經驗，必須參加所屬童軍團露營一次以上，並有書面報告。

參、高級童子軍

中級童子軍經歷六個月以上的童子軍生活，而能符合下列各項標準，得晉升為高級童子軍：

一、童軍精神方面

1實踐童子軍諾言、規律及銘言。

2能健全自己，並能影響他人。

3能勤勞節約，刻苦自勵。

4能協助童子軍虔敬集會並瞭解其意義。

二、群體生活方面

1能在小隊集會、團集會、野外活動及各種作業中發揮領導才能。

2能主動參加團部各種服務，並曾幫助團長訓練兒童至少一人成為初級童子軍。

3知道一般社交活動與國際的禮儀。

4知道國際童子軍的組織概況。

5調查團部所在地附近有無公害，如有，要能夠提出防治方法。

三、童軍技能方面

1觀察

(1)能認識野生動物三種以上，並知道它的習性。

(2)能認識野生植物五種以上，並知道它的用途。

(3)能觀察四季重要星座及月亮的變化，並能據以推測正確的方位。

(4)能觀察自然現象和動物狀態五種以上，從而能夠預測未來氣候的變化。

(5)能瞭解各種交通工具的時刻表與價目表。

(6)能憑藉對人像的觀察分辨善惡。

2 訊號：

具有下列任何一項能力：

(1)能運用單旗或雙旗收發中文數碼旗語，作簡單通訊每分鐘十字以上。

(2)能用聲或光通訊。

(3)能使用短距離的對講機通訊設備而無差誤。

3 急救

(1)能施人工呼吸，並能正確的施行心肺甦醒術。

(2)知道昏暈、中暑、休克、骨折、脫臼、觸電、溺水、蛇咬傷、食物中毒和煤氣中毒等的急救法至少三種。

(3)知道搬運傷患的方法及臨時擔架的作法。

(4)知道各種自我急救的方法。

4 結繩

能打下列各結，並知道它的用途：

鞦韆結、漁人結、三套結、椅結、貓爪結、花聯結、剪立結。

5 露營

(1)能作長期露營前的設計和準備（附有器材單、菜單、活動日程表、營地配置圖等）。

(2)能利用自然物製作營地實用設備。

(3)能做無具炊具。

(4)積有七夜以上露營的野外生活經驗，並參加縣市主辦之高級童子軍考驗營有紀錄可查。

(5)必須小隊合作完成二十四小時野外露營旅行。

(6)能做至少兩種野外炊事爐灶。

6 手工藝

(1)能做簡易縫補的技術。

(2)能使用簡單工具製作實用物品或手工藝品各兩種以上。

(3)能製作簡易工程模型。

7 估測

(1)能估測出一個不能走過的闊度（如河、池塘寬度）。

(2)能估測高度（如樹木、電桿、房屋）。

(3)能以跑、走相間的方法，於十五分鐘走完兩公里。

(4)能測出營地、田園或廣場的面積。

(5)能估測物品重量及估測實體體積。

以上五項估測誤差不得超過百分之十。

(6)能步測一百公尺之短距離，其誤差不得超過百分之五。

8 製圖

(1)知道露營製圖應用的符號。

(2)能實地繪製周圍一公里或曲折道路一公里以上的地圖一幅（比例為二千五百分之一）。

9 工程

(1)能完成一項小隊簡易斥堠工程計畫（最低限度能用兩種不同的工程綑結和滑車等）。

(2)能製作簡易斥堠工程模型。

(3)能裝置或修理日用電器。

10 運動技能

(1)能游泳廿五公尺的距離，並知道關於游泳安全的常識和救人的方法。

(2)划船一百公尺（須有救生人員在旁）。

(3)能騎自行車通過二公里路程。

(4)會兩種以上不同的溜冰勢。

(5)射箭：能於距離十公尺以外，於十次以內射中直徑一公寸之圓心二次以上。

（以上五項得任選一項參加考驗）。

(6)伏地挺身二十次。

(7)仰臥起坐二十次。

(8)引體向上十次。

(9)耐力跑八百公尺。

11電腦常識

知道電腦的功用。

四、休閒活動

1會演奏樂器一種。

2會跳舞蹈一種。

附則：

一、凡年滿十四歲及十七歲青少年始行參加行義童子軍及羅浮、蘭傑童子軍者，均應先接受高級童子軍進程訓練方可宣誓入團。

二、行義童子軍訓練進程採高級、獅級、長城、國花合格標準實施訓練。原百里、千里、萬里改為服務章，十四到十五歲為百里，十五到十六歲為千里，十六到十七歲為萬里。

三、童子軍訓練進程按初、中、高、獅四級進程實施訓練，如有進取心強、學習不懈，而考驗進度超速進展時，應輔導其選習專科章、調適進程、滿足其進取之榮譽，以不逾越童子軍各級進程為原則。

肆、獅級童子軍

高級童子軍經歷一年以上童子軍生活，而能符合下列各項標準，並與團長討論個人成長和人生目標，經團長認可，得晉升為獅級童子軍。

一、實踐童子軍誓詞、規律、銘言，有良好成績表現。

二、熱心擔任童子軍團內工作：如小隊長、副小隊長、聯隊長等職務，至少兩種，累積達四個月以上。

三、曾介紹兒童二至三人入團，並曾指導童子軍二人晉升中級。

四、知道童子軍團組織及成立程序。

五、積有十晚以上的露營經驗（含參加地方理事會之辦之考驗營）。

六、曾參加團或社區服務，有良好成績表現。

七、取得專科章有五種以上，其中必須具有下列兩種：

1旅行專科章

2露營專科章

伍、長城童子軍

獅級童子軍經歷八個月以上童子軍生活，而能符合下列各項標準，並與團長討論個人成長和人生目標，經團長認可後，得晉升為長城童子軍：

一、實踐童子軍諾言、規律、銘言、有良好成績表現。

二、曾在童子軍團內擔任下列工作至少二種累積達六個月以上，並有良好的成績。

1小隊長。

2副小隊長。

3五股幹事。

4聯隊長。

5在幼童軍團服務。

6曾在縣（市）或地區所舉辦的活動中擔任服務工作。

三、曾協助團長指導童子軍一人至二人晉升高級。

四、知道各級理事會的組織及其職責。

五、結識本團以外之羅浮（蘭傑）童子軍或其他童子軍團的服務員至少一人以上。

六、曾協助團長領導小隊作長期旅行兩次以上及參加地方理事會主辦之考驗營。

七、曾協助團長領導童子軍社會服務，有良好成績表現，且有服務記錄卡，由團長簽字認可至少三次以上。

八、取得專科章有十種以上，其中必須具有下列四種：

1地球科學專科章。

2生態保育專科章。

3交通專科章。

4急救專科章。

陸、國花級童子軍

長城級童子軍經歷八個月以上童子軍生活，而能符合下列各項標準，並與團長討論個人成長和人生目標，經團長認可後，得晉升為國花級童子軍：

一、實踐童子軍諾言、規律、銘言，有良好成績表現。

二、曾在童子軍團內擔任下列工作至少二種六個月以上，並有良好的成績。

1 小隊長。
2 副小隊長。
3 五股幹事。
4 聯隊長或見習副團長。
5 在幼童軍團服務。
6 曾在縣（市）或地區所舉辦的活動中擔任服務工作。

三、負責訓練童子軍專科章三種以上。

四、知道國際童子軍組織及其活動的概要，並結識本縣（市）童子軍理事會工作人員至少一人。

五、曾參加地方理事會考驗營，並偕伴一至三人作長期露營兩次以上（露營計劃須經服務員同意）。

六、發現社會服務機會，能主動向團長報告並領導童子軍參加服務，有良好成績表現。

七、取得專科章有十五種以上，其中必須具有下列六種：

1 電腦專科章。
2 植物專科章。
3 營具修理專科章。
4 測量專科章。
5 電工專科章。
6 游泳專科章。

羅浮、蘭傑童子軍訓練進程

一、主旨：

1鼓勵十七歲以上男女青年參加童子軍活動。

2培養德智體群美五育並重之優秀青年，以期成為國家社會之中堅。

3培養繼起之童子軍服務員。

二、羅浮、蘭傑童子軍信條：

1力行中國童子軍諾言、規律、銘言。

2恪守中華民國憲法，服從國家法令，並於法定年齡，妥善行使公民權。

3竭己之力扶助他人、服務公衆，以躋社會於安和樂利境地。

4發揚中華文化，以促進「四海兄弟」、「世界大同」之理想而奉獻心力。

三、參加資格：

凡中華民國國民，年滿十七歲自願加入羅浮、蘭傑童子軍訓練，成為見習羅浮或蘭傑，唯需具備下列資格：

1品行端莊、體格健全，年滿十七歲至二十歲之男女青年。

2愛好童子軍運動，力行中國童子軍諾言、規律、銘言。

四、組織：

1現有之童子軍團得成立羅浮、蘭傑童子軍組織。

2凡女性參加羅浮童子軍組織者稱之為蘭傑童子軍。

3各級童子軍理事會得成立羅浮、蘭傑童子軍組織。

4各社區、各機關學校團體為推廣童子軍運動，得成立羅浮、蘭傑童子軍組織。

五、輔導：

1各童子軍團之羅浮、蘭傑童子軍組織，應接受團長及團務委員會之輔導。

2大專學校學生所組織之羅浮、蘭傑童子軍組織，應接受各校課外活動單位及所在地縣（市）童子軍理事會之輔導。

3各級童子軍理事會所組織之羅浮、蘭傑童子軍組織，應接受各該理事會之輔導。

4各社區各機關團體所組織之羅浮、蘭傑童子軍組織，應接受各該機關團體及所在地童子軍理事會之輔導。

5各羅浮、蘭傑童子軍組織得接受各級童子軍輔導之協助。

六、群之組織與登記：

1中國羅浮、蘭傑童子軍之組織，以三至四人為一組，六至八人為一隊，二隊以上設群（群為專業分工，隊為一般分工）。組設組長，隊設隊長，群設群長，均由選舉產生，負責處理群隊組務，根據全群隊組會議之決議（或榮譽評判庭），擬定全群隊組活動計畫，並得依該群之需要，建立分工制度。（如活動、訓練、服務、文書、公關、研展等委員會）。

2羅浮、蘭傑童子軍組織之登記辦法，除合於第3條之規定外，亦應符合下列要件：

①有六人以上之見習羅浮、蘭傑。

②有集會活動之處所及設施。

③由主辦單位向所在地縣（市）理事會書面申請辦理登記手續，並經層轉總會核准。

④蘭傑不可單獨組群。

3羅浮、蘭傑童子軍之登記，須經由所屬羅浮，蘭傑童子軍組織或童子軍團辦理申請。

4羅浮、蘭傑童子軍之顧問，應辦理服務員登記，其辦法同服務員登記辦法。

5羅浮、蘭傑童子軍組織名稱及編號定為：

中國童子軍　省（市）　縣（市）第　團

七、羅浮、蘭傑童子軍軍級別：

1在見習階段後，稱為見習羅浮、蘭傑。

2在授銜階段後，稱為授銜羅浮、蘭傑。

3在服務階段後，稱為服務羅浮、蘭傑。

八、羅浮、蘭傑童子軍之晉級條件：

1見習羅浮、蘭傑：

①年滿十七歲至二十一歲之中華民國國民。

②對童子軍運動具有濃厚興趣，並願勵行中國童子軍誓詞及羅浮、蘭傑童子軍信條，且經高級童子軍進程合格者。

③愛好大自然活動者。

④願以童子軍身份為人服務不辭勞怨者。

2授銜羅浮、蘭傑：

①任命為見習羅浮、蘭傑滿六個月以上者。

②經所屬群之推薦，認為在生活、言行及服務態度確具童子軍精神者。

③閱讀童子軍運動之基本書籍，提出研讀心得書面報告者。

④曾參加團（群）露營，確能享受野外活動生活樂趣者。

⑤參加授銜羅浮、蘭傑考驗及格，經自省守靜後，通過正式授銜儀式者。

3服務羅浮、蘭傑：

①任命為授銜羅浮、蘭傑滿一年以上者。

②反哺於童子軍團，提出服務工作心得書面報告者。

③從事社會服務工作，提出心得書面報告。

④經所屬群同意，提榮譽評判庭通過被鄭重推薦。

⑤參加服務羅浮、蘭傑，接受領導統御訓練並參加考驗，及格經過正式任命儀式

者。

九、晉級與考驗

1見習羅浮、蘭傑

群辦理見習羅浮、蘭傑考驗，合格者由團頒發見習羅浮、蘭傑及證書，並報縣（市）童子軍會核備。

2授銜羅浮、蘭傑

省（市）理事會辦理授銜羅浮、蘭傑考驗，合格者由省（市）童子軍會頒發授銜羅浮、蘭傑章及證書，並報總會核備。

3服務羅浮、蘭傑

由總會辦理服務羅浮、蘭傑研習營，合格者頒發服務羅浮、蘭傑章及證書，並轉知所屬縣（市）童子軍會納入服務員體制。

十、訓練與活動：

羅浮、蘭傑童子軍活動內容含訓練、學術、服務三大領域：

1童軍技能。2職前訓練。3公民訓練。4拓荒活動。
5領導統御。6自然研究。7學術研討。8親職教育。
9休閒活動。10服務活動。11社交活動。12國際活動。

十一、徽章：

1羅浮、蘭傑童子軍各種徽章如下：

①標誌章。②級別章。③職位章。④專業章。⑤服務章。⑥榮譽章。

2羅浮、蘭傑童子軍各種徽章頒發辦法另訂之。

十二、制服

①羅浮、蘭傑童子軍制服規定如下：

夏季服：深綠色短袖童子軍上衣、藏青色短褲、童軍襪（紅襪穗）、黑皮鞋、童軍皮帶、法蘭西式紅色圓形帽或平邊帽，佩羅浮徽、領巾由各團自行設計，惟必須與同單位之童子軍式樣相同。

冬季服：可著藏青色長褲，夾克自行設計。

②蘭傑：

夏季服：白色上衣、墨綠色裙、紅色法蘭西式帽徽、黑皮鞋、童子軍皮帶、領巾自定。

冬季服：可著藏青色長褲，夾克自行設計。

十三、本辦法經中國童子軍全國理事會通過，呈理事長核定後公布實施。

我的童子軍生活紀錄

進程		晉級日期	備註
羅浮 20–17	服務		
	授銜		
	見習		
行義 18–14	國花		
	長城		
	獅級		
童子軍 15–11(歲)	高級		
	中級		
	初級		

中國童子軍各級進程考驗晉級實施辦法

壹：本辦法依據民國八十年七月十六日中國童子軍全國理事會第十七屆第八次常務理事會議審查通過：「中國童子軍各級童子軍活動進程合格標準」訂定之。

貳：中國童子軍總會為提高童子軍素質，推行童子軍徽章制度，維持童子軍訓練標準，特訂定本辦法。

參：各級童子軍晉級考驗權責劃如下：

一、各級理事會應成立考驗委員會辦理童子軍晉級事宜，考驗委員就下列人員聘任之：

1木章持有人。

2資深服務員。

3國家訓練營訓練組員。

4專科教練專業人員。

5總會、省、縣市義務專職人員。

6各級輔導、助理輔導、區輔導。

二、各級童子軍考驗委員得採任期制，獎助辦法由各級理事會自行訂定。

三、各級童子軍考驗營應列入年度行事計劃，周詳規劃及早公佈並確實實施。

四、各級童子軍理事會、童軍團辦理晉級考驗可配合年度登記、入團申請，於團集會、野外訓練活動施之。

五、童子軍、行義童子軍專科訓練、羅浮、蘭傑童子軍訓練、學術、服務、活動除必須利用假期實施外，應充分利用寒、暑假分梯次集中辦理，幼童軍技能章則由各團自行辦理。

六、省（市）理事會、總會應在省（市）童子軍大會、行義大會、羅浮大會期間設置考驗委員會，辦理各級童子軍考驗活動，並表揚縣市理事會辦理考驗晉級有功人員。

七、縣市理事會舉辦各級童子軍晉級考驗，得參照訓練活動情形籌措經費，參加考驗晉級童子軍所需參加費得由團務委員會輔助。

八、有關考驗晉級行政事務表格資料，概由所屬縣市理事會研擬備用。

肆：中國童子軍進程分稚齡童軍、幼童軍、童子軍、行義童子軍，及羅浮、蘭傑童子軍五個階段，考驗晉級進程內容如下：

甲：稚齡童軍晉級章分地球、星星、月亮、太陽等四級按年齡頒授徽章。活動進程分日常生活、注意健康、認識自然、熱心做事、才藝表演等五項，於平時生活言行及團體活動中觀察其表現頒授徽章。由團長、副團長、家長參酌評定認可。

乙：幼童軍晉級徽章分獸章（羚羊、狼、鹿、豹四級）及梅花章二種：梅花章為晉級榮譽章，須考驗合格始得頒授，獸章為年齡章，屆滿年齡即可佩帶。

一、羚羊章

凡年滿八歲兒童自願申請參加幼童軍活動，由團長、副團長、家長依據進程內容予以考評，確認已完成羚羊級進程，經宣誓入團頒授羚羊章並配掛團領巾。

羚羊級—八歲到八歲半

二、狼章

凡年滿九歲幼童軍，由團長、副團長、家長依據進程內容予以考評，確認已完成狼級進程，經公開晉級儀式頒授佩梅花章、獸章（如未完成狼級進程考驗可先佩帶狼級章，梅花章則應保留至考驗、合格後頒發）。

狼級—八歲半到九歲

三、鹿章

凡年滿十歲幼童軍，由團長、副團長、家長依據進程內容了以考評，確認已完成鹿級進程，經公開晉級儀式頒授第二顆梅花、鹿級章（如未完成狼級進程考驗可先佩帶鹿級章，第二顆梅花章則應保留至考驗合格後晉頒）。

鹿級—九歲到十歲

四、豹章

凡年滿十一歲之幼童軍，由團長、副團長、家長依據進程內容了以考評，確認已完成豹級進程，經公開晉級儀式頒授第三顆梅花章及豹級章（如未完成狼級進程考驗可先佩帶豹級章，第三顆梅花章則應保留至考驗合格後晉頒）。

豹級—十歲到十一歲

五、團長、副團長、家長對幼童軍進程之考評，應就其參與團體活動、工作、服務、日常生活作客觀之觀察，不得採集中問卷測驗方式進行。

六、團長、副團長、家長對幼童軍之興趣、勤惰、資賦、人際關係、能力、習性、情操等表現，應特別注意個別差異，因材施教；對於群性之啟迪或個性之發展，宜交互運用並予個別肯定。

七、團長應及時舉行隆重的儀典，頒授晉級徽章，以激勵幼童軍們向前、向上、向善，努力進取的奮發精神。

丙：童子軍晉級徽章分初、中、高、獅四級：

行義童子軍晉級徽章採高、獅、長城、國花四級：

一、初級童子軍

凡年滿十一歲之少年，經家長同意，自願申請參加初級童子軍活動進程二個月以上，由小隊長考驗其童軍技能並經團長認可，童軍精神由團長評定向縣市中國童子軍會辦理登記，在團集會舉辦入團儀式，宣誓入團，佩帶初級章、團領巾。

二、中級童子軍

凡初級童子軍參加四個月以上之中級訓練，在群體生活中，由小隊長考驗其童軍技能，團長認可其童軍精神，由所屬團部向縣市中國童子軍會塡報晉級名冊，舉辦晉級儀式頒授中級晉級章。

三、高級童子軍

凡中級童子軍參加六個月以上高級訓練，童軍精神、領導能力、群體生活，經團長認可，由榮譽評判庭推薦參加縣市理事會舉辦之考驗（營），經考驗委員評定確達高級高級童子軍合格標準，由縣市理事會向省理事會、總會塡報晉級名冊，在團集會公開舉辦晉級儀式，或縣市理事會舉辦慶典活動中，頒授高級章（新入團之行義童子軍由團長負責考驗，認其確具高級童子軍精神、技能標準者，得申請入團）。

四、獅級童子軍

凡高級童子軍（年滿十四歲至十八歲之行義童子軍）參加一年以上高級訓練，由榮譽評判庭推薦參加縣市中國童子軍會舉辦之考驗（營），無論童軍精神、領導能力、群體生活、專科智能，經考驗委員評定確達獅級童子軍合格標準，由縣市中國童子軍會向省中國童子軍會、總會塡晉級名冊。在團集會公開舉辦晉級儀式或縣市童子軍會舉辦慶典活動中，頒授獅級章（行義童子軍如未完成獅級進程考驗，可先行佩帶百里章，獅級章則應保留至少考驗合格後晉頒）。

五、長城童子軍

凡獅級童子軍參加八個月以上長城訓練，由榮譽評判庭推薦參加縣市理事會舉辦之考驗（營），無論童軍精神、領導能力、群體生活、專科智能，經考驗委員評定確達長城級童子軍合格標準，由縣市理事會向省理事會、總會塡晉級名冊。在團集會公開舉辦晉級儀式或縣市理事會舉辦慶典活動中，頒授長城級章（如未完成長城級進程考驗，可先佩帶千里章，長城級章則應保留至考驗合格後晉頒）。

六、國花級童子軍

凡長城級童子軍經過八個月以上國花訓練，由榮譽評判庭推薦參加縣市中國童子軍會舉辦之考驗（營），無論童軍精神、領導能力、專科智能，經考驗委員評定，確達國花級童子軍合格標準，由縣市理事會向省理事會、總會塡晉級名冊，在團集會公開舉辦晉級儀式或縣市理事會舉辦慶典活動中，頒授國花級章（如未完成長城級進程考驗，可先佩帶萬里章，國花級章則應保留至考驗合格後晉頒）。

七、稚齡童軍活動分日常生活、注意健康、認識自然、熱心做事、才藝表演等項。進程分地球、星星、月亮、太陽四級。幼童軍之訓練進程依羚羊、狼、鹿、豹四級，童子軍分初、中、高、獅四級，行義童子軍分高、獅、長城、國花四級合格標準實施訓練，如有進取心強，學習不懈而考驗進度超速進展者，應輔導其選習技能章、專科訓練，鼓勵從事於領導服務工作，並調適其進程，滿足其進取榮譽心，以不逾越稚齡童軍、幼童軍、童子軍、行義童子軍各級進程為原則。

丁：羅浮、蘭傑童子軍晉級徽章分見習、授銜、服務三級：

一、見習羅浮、蘭傑

凡年滿十七歲至廿一歲男女青年愛好大自然，立定人生服務志向，信守中國童子軍諾言、規律、銘言、自願申請入團（群），由群長負責完成其高級童子軍技能考驗，團長確認其童軍精神、領導能力、群體生活、專科智能已達合格標準，由榮譽評判庭接納後，向縣市中國童子軍會辦理登記，由團務委員會公開舉辦儀式，宣布入團，頒授見習羅浮章，佩帶團領巾，進程內容和下：

(一)勵行中國童子軍諾言、規律、銘言及羅浮・蘭傑童子軍信條。

(二)完成高級童子軍活動進程。

(三)愛好大自然，協助童子軍舉辦野外活動。

(四)行善、服務、助人、不辭辛勞。

(五)從事於左列各項訓練活動著有績效：

1公民訓練

2童軍技能

3休閒活動

4親職教育

二、授銜羅浮、蘭傑

凡見習羅浮、蘭傑經六個月以上之「授銜」訓練，由榮譽評判庭推薦參加省市中國童子軍會舉辦之授銜考驗（營），無論其童軍精神、領導統御、服務奉獻，群體生活、專業智能、人生理念，經考驗委員評定，確定已達授銜羅浮蘭傑合格標準，得頒授銜羅浮、蘭傑章，並向總會填報晉級名冊，進程內容如下：

(一)任命見習羅浮、蘭傑童子軍滿一年以上。

㈡生活言行及服務熱忱確具童子軍精神。

㈢閱讀童子軍運動之基本書籍，並提出研讀心得書面報告。

㈣參加團（群）露營，確能享受野外生活樂趣。

㈤完成平靜、自省、儀程，並就人生理念發表個人抱負。

㈥從事於左列各項訓練活動著有績效並取得證明者：

1職前訓練

2自然研究

3社交活動

4拓荒旅行

三、服務羅浮、蘭傑

凡授銜羅浮、蘭傑經一年以上之「服務」訓練，由榮譽評庭推薦參加省市中國童子軍會舉辦之授銜考驗（營），無論其童軍精神、領導統御、服務奉獻，群體生活專業智能、人生理念，經考驗委員評定，確定已達服務羅浮、蘭傑合格標準，公開頒授服務羅浮、蘭傑章，進程內容如下：

㈠任命授銜羅浮、蘭傑童子軍滿一年以上。

㈡反哺於童子軍團，提出服務工作心得書面報告。

㈢熱心社會服務工作，提出心得書面報告。

㈣從事左列各項訓練活動著有績效並取得證明者：

1領導統御
2服務活動
3學術研究
4國際活動

四、中國童子軍總會將全國各縣市服務羅浮、羅傑納入人力資源名冊，一方面加強輔導，鼓勵反哺回饋，參加服務員木章訓練，一面抄送所屬縣市中國童子軍會各級輔導，以納入儲備服務員行列，提供社會服務、童軍訓練、社團活動機會。

五、羅浮、蘭傑童子軍之考驗晉級除以具備高級童子軍群體生活、精神、技能為先決條件之外，應依據其訓練活動內容，就訓練、學術、服務三大領域，規劃辦理之。

伍：各級童子軍晉級考驗主辦單位暨晉級章價領規定如下：

一、稚齡童軍進程章，均由各團價領頒發。

二、幼童軍

㈠梅花章由家長委請團部價領。

㈡獸章（羚羊、狼、鹿、豹）由團部價領（或由家長價購）。

三、童子軍

㈠初級章由家長委請團部價領。

㈡中級章由團部價領。

㈢高級章由縣市理事會價領。

(四)獅級章由省市理事會價領。

四、行義童子軍

(一)服務章（百里、千里、萬里）由小隊委請團部價領。

(二)獅級由縣市理事會價領。

(三)長城章由省市理事會價領。

(四)國花章由總會頒發。

五、羅浮、蘭傑童子軍

(一)見習章：由群委請團部價領。

(二)授銜章：由省市中國童子軍會價領。

(三)服務章：由總會頒發。

六、頒授各級童子軍晉級章，悉由所屬省、縣、市理事會函向中國童子軍總會文物供應中心價購。

七、縣市理事會辦理童子軍年度三項登記，得本「取之於童軍，用之於童軍」原則保留登記費（包括團登記、各級童子軍登記費、服務員登記費）百分之五十，用於辦理各級童子軍考驗晉級工作。

八、省市理事會得視實際需要，執經總會核備後，於授銜羅浮、蘭傑考驗晉級中兼辦服務羅浮蘭傑晉級考驗。

九、中國童子軍總會得視實際需要，擇期舉辦各級童子軍考驗晉級活動。

陸：本辦法經全國理事會第十七屆第八次常務理事會審查通過後，配合各級童子軍活動進程合格標準公佈實施。

童子軍、行義童子軍
專科訓練合格標準

1 飛機

一 能識別飛機、飛船及飛艇。
二 能識別飛機種別、型別標幟。
三 略知飛機、飛船、飛艇的發行原理。
四 略知飛機進步沿革及製造大概。
五 略知飛機的攻擊方式及防禦方法。
六 能製造一種以上的飛機模型。

2 機械

一 知道機械作功的意義。
二 知道六種簡單機械作功的基本原理及其運用。
三 知道發電機、電動機的功用及其主要構造與保管維護要領。
四 知道砂輪鑽床、車床等簡單機器的操作方法。
五 知道手工具如劃線架、螺絲、手鋸、電鑽等的使用方法。
六 能看機械工圖說及描繪簡單工作圖。
七 能判讀各種尺寸及使用一般量測儀具。

八 能照圖製作簡單構架與零件。

3 機帆船

一 知道機帆船的構造概略。

二 知道發動機的保養要領。

三 知道機帆船的駕駛與操縱概念。

四 知道通訊訊號的應用。

五 知道各部份的保養及清潔要領。

六 知道照料暈船人員。

4 板金工

一 知道各種鐵皮材料的規格及其用途。

二 知道各項鐵皮材料的施工方法。

三 知道一般工具的使用方法。

四 知道寸法的使用。

五 知道看圖劃線及估料計料。

六 能夠處理搥擊、捲邊、修邊和撓扣鑲工作。

5 鉗工

一 知道各種鐵材及其性質。

二 知道工具的使用方法。

三 知道寸法的使用。

四 能看草圖藍圖。

五 能作正方形或三角開孔鐵或直角曲尺實樣一件。

6 銲工

一 能判讀藍圖與焊接符號。

二 對電氣有其基本常識。

三 對「電焊」與「氣焊」設備之操作具有相當經驗。

四 明瞭「對接法」與「搭接法」工作之執行要領。

五 對焊接工作之圓滿與否有若干程度上之判別經驗。

7 汽車修護

一 知道汽車的種類和用途。

二 知道汽車各主要機件的名稱。

三 知道汽車發動前後的檢查要領。

四 知道汽車輪胎氣壓及換裝輪胎。

五 知道汽車之清洗、擦拭、打蠟及維護。

六 能做簡單的油路與電路上的故障排除工作。

8 機車修護

一 能識別各型車種廠牌及汽缸容量。

二　明瞭機車原理及各種構造。

三　可以簡單修護電路及故障。

四　能裝拆輪胎修補內胎。

五　諳知起動要領與駕駛技巧及試車。

六　知道火星塞之檢查及清洗。

9 自行車修護

一　能識別各種車型及其特性。

二　能了解自行車的全部構造。

三　能分解及裝合任何型別之自行車。

四　能修補內胎及處理一般故障。

五　熟練自行車行駛與行駛規則。

10 電　工

一　認識各種電工材料及其規格。

二　知道直流電和交流電的分別。

三　知道電流、電壓、電阻的意義及其關係與量度法。

四　知道高壓電與低壓電的區分。

五　知道各種電線的接合法及絕緣措施與漏電檢查。

六　知道電路的連接法（串聯與並聯）。

七 知道防止觸電及觸電時之急救。

11 電傳

一 明瞭一般簡單電路。
二 明瞭電報機的構造和能作簡單修理。
三 知道電腦使用及能操作電報機。
四 知道如何利用電子傳真機。
五 知道如何利用電腦與電信聯線得到更多資訊。
六 明瞭無線電報設備大概。

12 無線電

一 能作一簡明收音機線路圖。
二 知道天線、地線的裝法及雷雨預防法。
三 知道電池的使用和充電法。
四 能檢查收音機故障及知道修理。
五 能自製晶體收音機並能應用。
六 明瞭電台的工作實務情況。

13 建築

一 知道建築工程及進步與趨勢的大概。
二 能知道建築物的異同及其優劣。

三 能知道建築五金土木用料及其品質。

四 能繪簡單立體投影畫（三面視圖）。

五 能作簡單建築圖樣（平面圖、側面圖、基礎圖、屋架圖、水電裝配圖、剖面圖等）。

14 測量

一 能描繪地形草圖。

二 能使用比例尺指北針。

三 能用各種方法測量高度及方位和距離。

四 能目測計算簡單地形面積。

五 知道等高線及地形貌等符號的意義。

六 能繪製詳細比例地形草圖。

15 泥工

一 知道泥工用具的使用法。

二 知道混凝土的人工拌和與機械拌合法。

三 知道混凝土的配合比例。

四 知道鋪卵石的方法。

16 粉刷工

一 知道粉刷常用材料。

二 知道粉刷常用的一般工具及其使用法。

三 知道粉刷工作的種類與目的。

四 知道各種粉刷工作的進行程序及應注意事項。

五 知道用料的配合法及比量。

17 漆工

一 知道油漆的原料和配合法。

二 知道中國漆和外國漆的優劣。

三 知道市面上油漆的種類、特性和用途。

四 知道油漆工具的使用及保管法。

五 知道車窗、牆壁、天花板、傢俱、鋼鐵器物的油漆法。

六 知道各種油漆的保管法。

18 木工

一 能識別針葉與闊葉木各五種以上。

1針葉：杉木、松木、檜木、栂木、鐵杉等。

2闊葉：胡桃木、白楊木、樺木、柚木、樟木等。

二 能知道各種主要木材的特性及其用途。

三 知道一般普通木工器具的使用和磨礪法。

四 知道各種接榫法並能製造雌雄接榫一種以上。

五 能製造實用木器一具。

19 營具修理

一 能調和油漆及漆刷營具、牆壁與天花板等。
二 能修理車窗及櫥櫃等之鉸鏈等。
三 能配裝門窗玻璃及糊壁紙。
四 能修補營帳破洞及裂縫。
五 能修理室內用具及裝飾物件。
六 能磨礪刀剪等件。
七 能製做簡易小件實用品數件。

20 應用化學

一 知道漿糊、牙膏、粉筆、肥皂、墨汁、紅藍墨水等的製作法。
二 能自製蒸餾水及配製各種飲料汽水。
三 知道電鍍的基本原料和方法。
四 知道織物纖維的種類和漂染方法。
五 知道炸藥和煙幕的配合和製成方法。
六 知道滅火器的設備和使用法。
七 知道一般化學品的名稱和性能。

21 編織

一 知道編織的來歷。

二 知道編織所用的各種材料及其產地。
三 知道各種材料的編織方法和應用工具。
四 能利用籐竹、葫葦、稻草、麥桿等材料編織成實用品三件以上。
五 知道整理和保管各項編織用品。

22 **裁縫**

一 知道各種線號。
二 能裁開三角形及長條形布條。
三 能用手縫補破洞。
四 多用尺量身材。
五 能對縫紉機加油。

23 **紙工**

一 知道造紙原料三種以上。
二 知道普通常用紙類五種以上。
三 能做紙花兩種以上。
四 能糊彩燈一種以上。
五 能做簡單應用品兩種以上。

24 **皮革工**

一 能分別人造皮與獸皮。

二　能分別牛皮、羊皮、鹿皮及豬皮、馬皮等。

三　知道使用皮工、皮剪及切開皮革。

四　能作簡單皮件修補工作。

25 陶瓷工

一　認識陶瓷土。

二　能拌和陶瓷土。

三　能知道陶瓷器皿之優劣。

四　能塑造簡單花樣及器皿一、二種。

五　知道搬運毛坏進入燒窯。

26 簿記

一　了解記帳之意義及其重要。

二　要達到迅速、正確、完備明瞭之目的。

三　要有熟練之記帳記術。

四　要能編製正確之各種報表。

27 統計圖表

一　了解統計的意義及其重要。

二　了解一般統計表製表的規則及方法。

三　了解各種圖表的應用比較。

四 能繪製線圖、條圖、面積圖、象形圖和統計地圖。

28 珠算

一 認識學習珠算之目的。

二 明瞭算盤的歷史。

三 明瞭運珠法與運指法。

四 熟練各種計算方法。

1加減算 2乘算 3除算 4傳票算 5心算

6乘算定位法 7除算定位法 8應用計算 9開方。

29 打字機

一 能識別各種打字機。

二 知道各種打字機之構造大概。

三 知道操作各種打字機。

四 能修理各種打字機的臨時故障。

五 知道如何保管及清潔打字機。

六 受過打字訓練或自行練習打字在三十小時以上。

30 兵器

一 略知兵器的種類及其功能。

二 知道手槍、步槍、機槍構造的主要名稱與功用。

三 能執手槍、步槍、機槍主要部份之分解與裝合。
四 知道一般兵器的保管與擦拭要領。
五 知道步槍、機槍等輕兵器的攜帶法及具有隨時執行臨時警衛勤務的能力。
六 能執行手槍、步槍及機槍等輕兵器的瞄準與射擊。

31 中文打字

一 知道打字機的使用方法。
二 打字姿勢必需正確。
三 要熟悉常用文字及間用文字。
四 力求速度迅速，內容明確。
五 打字速度每分鐘不得少於二十五字。

32 英文打字

一 知道打字機的使用方法。
二 打字姿勢正確。
三 力求速度迅速，內容明確。
四 打字速度每分鐘不得低於三十字。

33 釣魚

一 知道釣魚的方法並能使用釣魚用具。
二 知道重要淡水魚類的習性。

三 知道養魚的方法。

34 園藝

一 知道種菜和種花的原理及方法。

二 知道蔬菜的簡易分類及食用價值。

三 知道花卉的簡易分類及觀賞價值。

四 能夠認識重要蔬菜花卉各十種。

五 了解園藝作物的繁殖方法。

六 了解園藝作物對人類重要性。

35 植物

一 了解植物形態的構造。

二 了解植物之重要生理作用。

三 了解植物分佈情形及其利用方法。

四 認識食用植物、藥用植物、有毒植物、香料植物、用材植物、纖維植物、染料植物、觀賞植物之重要種類五種以上。

36 昆蟲

一 了解昆蟲之形態及重要性。

二 了解昆蟲之基本分類方法。

三 認識害蟲、益蟲各十種以上，並能知其生活史及繁殖法。

四 了解害蟲之防除法。

37 養蜂

一 能鑑別蜜蜂品種及蜂群習性。
二 能使用養蜂各項用具並知飼養之方法。
三 能了解蜂房種類構造及分封方法，並曾實地操作。
四 有養蜂的實際績效並有紀錄或報告。
五 知道養蜂選擇蜂房放置場所及各項管理要點。

38 養蠶

一 能識別蠶品種並鑑別其優劣。
二 知道蠶的製種、孵育、飼養、繅絲及蠶室管理方法，並有實地經驗。
三 知道蠶病的預防和補救方法。
四 知道桑樹栽培及桑園管理方法。
五 對簡單養蠶工具能自行製作。

39 氣象

一 能使用五種氣象觀測儀器。
二 能根據氣象報告繪出簡略氣象圖。
三 能解釋氣象局所繪之天氣圖。

四　對風速、溫度、氣壓、雨量等變化與農作物生長關係有相當瞭解。

五　曾實地記錄二個月以上之氣溫、雨量而有統計表者。

40 農藝

一　能識別主要農作物十種以上。

二　能識別土壤質地及三要素肥料，並對土質與作物生長關係有相當瞭解。

三　能識定病害、蟲害各十種，並知其防治方法。

四　能使用新式農具，並瞭解農具之保養方法。

五　對各項田間操作熟練，並知其操作時期及方法。

六　有實際栽培一種以上作物至收穫之紀錄者。

七　能認識農藥正確使用的觀念，避免殘留及污染。

41 動物

一　明瞭動物與人生的關係。

二　明瞭一般動物的生理及形態。

三　能識別主要禽獸各二十種以上。

四　能識別益鳥並知其保護法。

五　知道飼養寵物的方法及疾病之防治。

42 標本製做

一 明瞭動物標本剝製、浸製和乾製的方法。
二 明瞭植物標本採集和製作方法。
三 明瞭昆蟲標本採集製作和保存方法。
四 能知道標本製作工具和藥品的種類及使用方法。
五 能製做動植物及昆蟲標本各兩種以上。

43 畜牧

一 明瞭我國和各國的畜牧概況。
二 明瞭畜牧和人類的關係。
三 明瞭主要家畜家禽的飼養和管理方法。
四 能飼養家畜、家禽各一種，並將飼養經過做成詳細有系統之記錄報告。
五 明瞭禽畜防疫及一般傷害疾病急救方法。

44 農產加工

一 明瞭農產加工對人生的重要。
二 明瞭農產加工的種類。
三 明瞭農產品加工原料的特性。
四 明瞭一般農產加工的原理及製作方法。

五 能夠鑑別農產加工品之優劣。

六 能製做麵類及果實加工品各五種。

45 安　全

一 闡述家庭中應如何防止跌傷、燙傷、煤氣或藥品中毒、火燒、電燒傷及電線走火等安全措施。

二 知道童子軍野外生活必備的安全措施，以及其對快樂的野外生活的助益。

三 能在十字路口觀察行人及車輛之通行達三小時（可分數次完成），列舉你所看到的違反交通安全規則的事項，並解釋每件事項應如何做才安全。

四 能觀察你的住家或學校的各種安全措施，列舉所有不安全的項目，並能解釋如何處理改善。

46 農　藥

一 了解重要農藥的性質及其方法。

二 了解重要農藥的延毒作用。

三 明瞭使用農藥應注意事項。

四 了解噴霧、噴粉、塗刷、燻蒸等方法及應注意事項。

五 明瞭重要農藥對溫血動物的藥害。

47 獸醫

一 明瞭解剖學的大要。

二 能由家禽的呼吸數、體溫及脈搏診察其健康與否。

三 明瞭主要藥劑的特性功能及其使用方法。

四 明瞭禽畜普通病症的治療方法。

五 明瞭家畜傷害後的救護法。

六 能查驗禽畜的傳染病症並知其預防方法。

48 公共衛生

一 知道猩紅熱、白喉、肺結核、腦膜炎、腦炎、鼠疫、天花、霍亂、瘧疾、狂犬病、破傷風、傷寒和流行性感冒等三種以上傳染病的起因和傳染預防方法。

二 知道預防那些疾病（至少三種），應該接受免疫或預防接種在幾歲時接種，在你的環境中到什麼地方去接種。

三 知道蚊蠅的害處和根本驅除法。

四 列舉兩種因飲用不潔水或冰水所致的疾病。知道如何處理露營時飲用水。

五 列舉兩種地方上常見的寄生蟲病及其預防方法。

六 知道清除垃圾的重要和處理法。

七 知道店鋪中保持飲料食物及器皿的清潔法。

八 知道空氣污染的來源及你所在地或任何一個城市空氣污染的情形。

九 知道飲水污染的來源及你所在地或任何一個城市飲水污染的情形。

49 個人衛生

一 知道人體解剖學及生理學的大要。

二 知道循環呼吸、消化、泄殖、神經等系統及五官、四肢的保健原則。

三 知道衣、食、住、行的衛生法，並能實踐而有顯著成績。

四 具備正確的性知識和簡單的心理衛生知識，並力戒各種不良嗜好和惡習。

五 經醫師證明無未治癒之傳染病。

50 急救

一 能實施四種以上繃帶及三角巾包紮法。

二 知道止血的重要性，能實施對頭部、軀幹及四肢出血的止血法。

三 能實施骨折和脫臼的急救法，知道隨便搬動重傷病人的危險性。

四 能實施窒息、火傷、中毒、創傷、痙攣、昏暈、休克和異物入目觸電和溺水（至少三種）等的急救法。

五 能實施各種傷患搬運法。

六 能製作臨時抬床和夾板、代用綳帶和三角巾。

七 能實施三種以上人工呼吸法及心臟按摩法，並明瞭在什麼情況下施行什麼方法。

51 化生放

一 知道化學戰劑（毒氣）的種類和性能。

二 知道生物戰劑（細菌）的種類和性能。

三 知道放射線戰劑（核輻射）的簡單性能。

四 知道躲避毒氣及中毒施救的方法。

五 知道化生警報種類，能遵從安全人員之指揮，在聞警報時，迅速避向安全地區。

52 水上救生

一 獲有童子軍急救及游泳專科章或通過其合格標準者。

二 瞭解一般求生常識。

三 能在水中解脫衣履（著童子軍制服）並能著上項衣服，流水泅游六十公尺，或靜水游泳五十公尺。

四 靜水潛泳十五公尺或流水潛泳二十尺。

五 瞭解正確接近法三種及拖帶法三種（採用陸上表演方式說明），並任選一法入水表演，攜帶溺者（十磅重人體像代替）拖十公尺之距離。

六 能入水演習手臂受攬握時，受下面扼抱時及受背後扼抱時之解脫法。

七 能立游三十秒鐘（雙臂抱胸或露出水面）。

53 國術

一 曾習拳術六個月以上。

二 能演徒手拳二路。

三 能演木棍一路。

四 知道國術的派別和優點。

54 越野

一 知道越野訓練目的。

二 能用跑走相間方法在十二分鐘內跑完二千四百公尺。

三 曾參加過越野實跑二次以上。

55 攀登

一 能任臨時瞭望工作。

二 知道上山下山的步法。

三 了解登山的基本知識。

四 能實地應用登山結及稱人結。

五 能攀越五公尺以上的繩架。

六 能攀越六公尺以上的吊繩或樹木。

七 能攀越二公尺的高牆。

八 能設法通過障礙。

56 舞蹈

一 知道舞蹈的基本步法，並能應用。

二 具有基本的身體韻律節奏能力。

三 參與土風舞活動，並能分辨我國與他國土風舞。

四 能指導土風舞或舞曲的演出。

五 能創作土風舞或舞曲一種。

57 游泳

一 能向初學者說明注意事項及指導準備運動。

二 知導救溺法。

三 能說明游泳後的注意事項。

四 能在十六秒內游完五十公尺。

五 能游二〇〇公尺以上。

58 划船

一 持有游泳專科章。
二 以雙手獨划能前進後退左右轉並緊急停船。
三 熟悉操舵法。
四 熟悉上船法、船中的安全動作並熟練前進靠岸等操作。
五 能知接近他船或障礙物的操作和防止互衝處置法。
六 熟練用稱人結的繫船法。
七 知道乘艇的檢點整備要點。
八 一次二小時以上的航行有二次經驗並作航行記錄。

59 球類

一 知道五種以上球類之比賽方法。
二 能參加三種以上之球類運動。
三 籃球上籃二〇次能投中十五個球。

60 體能

一 知道體育衛生常識。
二 能以十五秒五跑完一〇〇公尺。
三 急行跳遠跳四公尺以上。
四 單槓屈肘能做四次以上。

五 俯地挺身能做二十次以上。

61 自行車

一 能於平路一小時行駛十公里以上。

二 須知自行車之構造及主要部門的名稱。

三 能修理機件車胎並知保養等法。

四 明瞭自行車行駛時的交通規則。

五 能依照地圖傳遞口訊和完成所指示的觀察。

62 溜冰

一 穿著溜冰鞋能在冰上或地上進退快慢自如。

二 穿著冰鞋走路。

三 能在冰上起伏。

四 能修理溜冰鞋。

63 騎術

一 能識別馬的品種和優劣。

二 能觀察馬的疾病。

三 能知道馬的飼養法及衛生。

四 知道馬蹄鐵之功用。

五 能裝配馬鞍。

六 知道各種口令及記號。

七 知道馬之牽引及全拴馬法。

八 能在各種速度上下馬。

九 能騎行各種步法（漫步、輕快步、跑步）。

十 能在馬上體操。

十一 能跳越障礙。

十二 知道溜馬之重要。

64 射擊

一 知道步槍、手槍、射擊法。

二 知道射擊理論、安全常識。

三 用步槍在五十公尺處擊靶五次，平均每次得五十分以上。

四 用步槍在十公尺處擊靶五次，平均每次得五十分以上。

65 斥堠工程

一 能閉目或黑夜作結十個（其中必須包括三個工程結——十字結、方回結、剪立結——並能應用）。

二 能利用自然物搭架獨腳瞭望台。

三 能就地取材搭架一種簡便橋樑，最少能供單人渡過。

四 能利用自然物構築可容二人露營的營舍。

66 星象

一 能瞭解天體之運行概況。

二 能瞭解月球的運動及日月蝕、潮汐的原因。

三 能知道流星的成因。

四 變識明亮的星應至少六座。

五 熟習以北極星來定方向。

六 參觀天文台或星象館能記錄其設備及其內容。

67 交通

一 能熟習本地水陸交通幹道。

二 能熟習本地各種交通情形。

三 能認識各種交通訊號與標幟。

四 能熟知各種交通規則。

五 能熟知各種交通指揮手勢。

68 旅行

一 知道旅行的基本意義與一般常識。

二 能旅行市鎮或鄉村作詳細報告和繪製行程略圖。

三 在旅程中須認識地區鄉土的自然與人文環境，如地形、水文、植物、經濟（耕地、工廠、住宅、商店等分佈）及土地利用（

住宅、商業、工業、農業、遊憩區等分佈），並作成紀錄。

69 訊號

一 能在每分鐘內，收發中文電碼雙旗語十五字，並熟知部首檢字法。

二 能在每分鐘內，收發中文筆畫雙旗語二十五個旗式。

三 能在每分鐘內，收發電碼單旗語七字。

四 知道電話發明經過、原理及其構造。

五 能用煙火、聲、光等方法通訊。

70 消防

一 知道本區救火會或消防隊的組織和報告火警的方法。

二 知道身臨著火房屋逃出法。

三 知道火焰蔓延的防止法。

四 知道消防器材構造及其使用方法。

五 能於火警時，幫助警察維持秩序或協助消防隊滅火。

71 烹飪

一 能構築各種炊事灶。

二 能烹調葷素菜肴四菜一湯。

三 能製中西點心各一種。

四 能做無具炊事三種。

五 知道預防食物腐敗的貯藏法。

六 知道食物炸爆的方法和夏季涼拌菜餚的製法。

72 號角

一 必須認識號譜及節拍。

二 能背吹步號進行曲四首。

三 能吹童子軍應用號譜五首。

四 能認識中西樂器各四種。

73 嚮導

一 能熟知團周圍五公里內的道路街衢捷徑，及僻巷、橋樑等地形。

二 能在黑夜辨認本地道路及鄰近村鎮方向。

三 能熟記團附近著名醫生、醫院、警察局、消防隊、郵電信局等地走及其電話號碼。

四 知道所在地特產、史事、名勝、古蹟之名稱及其事蹟。

五 有三次以上的嚮導服務經驗。

74 露營

一 能擬訂三天二夜的小隊露營計劃（包括事前準備、日程、活動內容、經費、菜單、事後整理等項）。

二 能佈置一個小隊露營的營地（包括應有的建設）。

三 能不用舟車往返十公里以上地區，領導小隊作三日露營，並能作五百字以上的露營報告。

四 知道露營用的各種營幕種類名稱及其搭架方法。

五 能利用自然物製作營地應用品四種以上。

六 在旅行露營中，依地圖、路標、指北針等為引導，不論遇有任何困難（特殊變故例外）不求助於人，而順利完成。

75 辯論

一 能藉簡明的摘要作五分鐘以上的國語演說。

二 熟諳辯論規則和明瞭主席的職權。

三 曾參加辯論二次以上。

四 知道辯論時的動作態度和其他應注意之點。

76 編撰

一 能將本團團部一切情形作一篇系統的文字報導。

二 曾在團部內主編刊物。

三 能採訪一件有價值的新聞並加以報導。

四 知道新聞編輯方法。

77 翻譯

一 能直接聽講外國語一種。
二 能利用單字或片語造成通順之外國語句。
三 能用一種外國語作簡短書信一封。
四 能翻譯外國文字一篇。

78 音樂

一 能演奏中西樂器一種以上。
二 能視唱C、F、G調樂句。
三 能聽C、F、G調樂句。
四 聽音樂能辨認六種以上樂器。

79 戲劇

一 能編著一種短劇並自任導演。
二 能自行化妝，並處理劇內角色的特性化妝技巧。
三 能分辨舞台劇與電影之別。
四 能了解舞台基本設計、燈光處理、布景、道具的運用。
五 露營時能作各種娛樂之表演。

80 雕塑

一 能以泥材塑型（半立體作品）。
二 能以石、木材作半立體的浮雕。

三 能以原型作石膏模型。

四 知道翻製蠟、石膏、塑膠造型方法。

81 繪畫

一 知道中西繪畫的區別簡史略和特質。

二 知道國畫或西洋畫的畫法。

三 知道色彩學的大意。

四 能繪想像畫、記憶畫、寫生畫、裝飾畫、宣傳畫，或漫畫，以上任選一種。

五 能繪國畫或西畫一幅。

82 攝影

一 知道攝影學原理。

二 知道鏡頭、鏡箱的構造和使用法。

三 知道照片放大法。

四 能攝六吋風景三張（內有雨景、夜景），人像一張、靜物一張、內景一張、動物一張。

83 特技

一 能作民俗技藝三種以上：

1能放自製風爭。

2能作八種以上的花式踢毽子。

3能跳二支以上民族舞。

4能作五種以上中國結。

5能作六種以上扯鈴。

6能作五種以上的花式跳繩。

二 能作特殊技能二種以上：

1能放自製的滑翔翼。

2能作簡易魔術五種。

3能跳五支以上土風舞。

4能表演六種以上的口技。

84電腦

一 知道電腦硬體、軟體之區分及其簡易保養。

二 知道如何開機、關機及鍵盤的操作。

三 知道一種以上簡易程式語言。

四 能以任何一種中文電腦軟體輸入資料。

85地球科學

一 各種岩石簡易認識與辨別。

二 天候變化的判別。

三 知道地形地物的利用。

四 天然災害的認識。

五 自然環境維護的瞭解。

86 生態保育

一 知道垃圾分類的目的與方法。

二 能舉行三種以上化學物質污染環境的例子。

三 能說出四種以上臺灣地區正面臨生存危機動、植物名稱。

四 能說出導致河川污染的各種原因。

五 能說出濫伐森林所造成的災害情形。

六 知道在工業發展中，工廠應注意那些環保工作。

新增資料

國民生活須知
介紹最新中文旗語
口對口人工呼吸法
台灣省四季天氣概況

國民生

普通禮節方面	食的方面
升降國旗，肅立致敬。 元首玉照，敬謹使用。 與人約會，準時守信。 不亂抛雜物、不攀折花木。 聽樂觀劇，保持靜肅。 公用毛巾，不擦鼻涕。 談話要誠懇莊敬。 聽人講話，不可插嘴。 出席會議，嚴守時間。 少數服從多數，多數尊重少數。 走路時不吃零食，不攀肩搭背。 路遇遺物，歸還原主。 聽唱國歌，立即肅立。 尊重長輩，注意禮讓。 候車購物，遵守秩序。 參觀競技，不亂叫囂。 不隨地吐痰，不隨地便溺。 商場買賣，要有禮貌。 不說人短，不炫己長。 使用電話，注意禮貌。 保持會場秩序，尊重主席職權。 行路擡頭挺胸，舉止從容安詳。 乘坐車船，讓坐老弱婦孺。	食物講求衛生，餐具務須清潔。 進食時注意秩序，不礙他人。 宴會應準時舉行。 飯前洗手、飯後漱口。 茶飯既畢，應將餐具理好。 宴會敬酒，不可勉強。

活須知

衣的方面	居住方面	行的方面
服飾以整齊清潔樸素為主。 帽子必須戴正，不穿奇裝異服。 衣服材料宜用國貨。 參加喪禮弔唁，宜著深色衣服。	居住內外，經常灑掃。 當街過道，不曬衣物。 小心火燭，謹慎門窗。 早起早睡，勤勞操作。 與人同住，注意禮讓。 私人信件，不得拆閱。 家庭內部，力求整潔。 不塗污牆壁，不亂抛棄物。 收聽廣播電視、音響不礙他人。 有事出門，言明去處。 將入人室，應先叩門。 兄弟姊妹，互相友愛。	行車走路，不可爭先。 乘車須依序上下，頭手不伸出窗外。 過平交道，特別小心。 不超載、不超速。 不在道路中央遊戲，不妨害行車安全。 車輛行人，均應靠右。 行路注意標誌燈號、服從交通指揮。 穿越街道，注意燈號。 車輛夜行，必須亮燈。

最新中文

理想的中文旗語，是以十個數字（0—9）代表字碼來通訊，更要能「見字識碼」立刻可以發出訊號。現代中文電腦的發明，就已達到這種地步，這便是數碼旗語異乎過去其他各種中文旗語最新、最科學的方法。

學習數碼旗語祇需明白三角編號的規則和基本符號九九表的代號就行，易學而易行，在童子軍學術確是極大的進步。

左列兩書，可供參閱：

1數字化中文字彙。（每一小隊可備兩本）。

2中文三角編號法訓練手冊（以上兩書本書局經售）。

同時更介紹數碼旗語所用的旗式，祇需五個基本旗式，十分簡便，並且易於發訊和辨認（見後圖），其優點是：

1旗在下半身的不取—可使旗式顯著，到處能用。

2兩旗在一邊的不用—保持身體站立穩定。

3在近距離內，即使未帶語旗，亦可用手臂表示，對方尚能辨別。如戴上白手套，其效果則更佳。

學習旗語光說不練是不行的，所以你須要耐心去「練習」、「練習」、「再練習」；舉行分隊比賽，更能促進進步，看誰能爭取冠軍！

數碼旗語

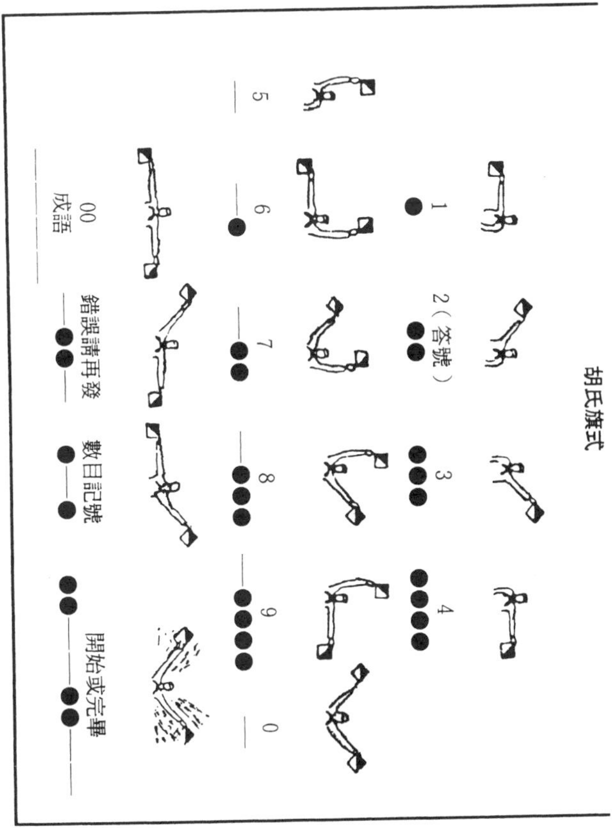
胡氏旗式
1
2（答號）
3
4
5
6
7
8
9
0
00
成語
錯誤請再發
數目記號
開始或完畢

口對口人

對於一個不能呼吸而急需空氣的人，「口對口的人工呼吸法」是一種最有效的方法，任何年齡的人都適宜。

口對口人工呼吸的施救方法，其中應特別注意的，有下列四點：

1清潔所有通氣的通道（指口腔及鼻腔）。

2將頭部略為傾側向後放置，使頸部伸長，如圖A。

3持住下顎凸出部份，如圖B（在口對口的方法中，這一點是重要的）。

4對於成人吹氣可用力，但對於小孩則要柔柔地吹。

圖A

圖C

圖B

圖D

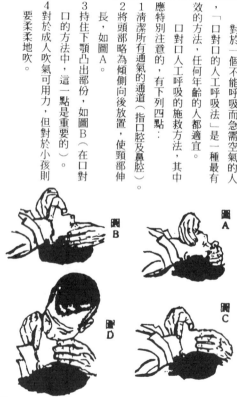

工呼吸法

紅十字會為講授人員所補增之資料，及技術之指導與實驗方法：

1清潔口腔，使受難者平躺。清潔的動作：清除口腔的食物渣屑及其他，應以敏捷的動作用手裹紗布清除之。

2讓頭部仰著平放。救助人的手，一隻放在受難者的頭部下，另一隻放在其前額，動作如圖A。

3將其下顎拉開。為使舌不阻住喉道，保持氣體的通路，將兩手手指置於顎角邊，即係受難者之耳部下，柔柔地向顎前方滑去，如圖B。

4捻住受難者的鼻子，防止吹入其口腔內的空氣，由鼻流出，如圖C。

5救助者張大他的嘴。緊緊地對著受難者的口吹氣。若果在初期情形需要的話，救助者的口，需蓋著受難的口連鼻吹氣，如圖D。

吹氣入受難者的口腔，需繼續一次一次不斷地吹，吹一口氣之後，即將嘴移開，俾空氣自行呼出，立刻再吸第二口，直到看見肺部有起伏為止。然後聽其自然呼吸換氣。對於一般成年人需大力地吹氣，每分鐘吹十二次。至於小孩則要輕輕地吹，以符合他們的實際需要，其吹氣速率則為每分鐘廿次。

當受難者開始呼吸正常時，仍須維持其躺著休息，用毛毯或被褥等東西來保持其體溫，並仍須照顧至其完全恢復呼吸為止。

台灣省四季天氣概況

季節＼項目	現象	預測	附註
冬季	1每日溫差最大。 2濕度低。 3北風和東北風較多。 4寒冷、綿綿細雨。	1雲由北向南移動，繼續陰冷，不會有好天氣。 2陰雨後、天晴前，必定寒冷。	
春季	1溫度逐漸升高。 2濕度漸高。 3每日晴雨變化無常。 4風向多變化。	1每日溫度變化大，是不穩定的天氣，變化無常。 2雲向南移動即冷鋒將到。雲向北飛，天氣將會變好	
夏季	1保持高溫狀態。 2濕度高。 3多雷雨。 4南風和東風較多。	1如天氣溽暑，常有雷雨。 2熱極生風，悶極下雨。 3早晨熱而多雲，下午就會下雨。	八、九月間時有颱風過境。
秋季	1每日溫度差漸大。 2濕度底。 3晴天多。 4東風和東北風較多。	1天邊有浮雲，仍是天晴。 2黃昏時有烏雲，會有雨。 3陰雨日，西方忽露天空，黃昏時有紅霞，天氣必轉好。	

中華社會科學叢書

童子軍表解

1912

作　　者／胡立人　編撰
　　　　　朱其榮　修訂

出 版 者／中華書局
發 行 人／張敏君
行銷經理／王新君
地　　址／11494 臺北市內湖區舊宗路二段181巷8號5樓
客服專線／02-8797-8396　　　傳　　真／02-8797-8909
網　　址／www.chunghwabook.com.tw
匯款帳號／兆豐國際商業銀行　東內湖分行
　　　　　067-09-036932　中華書局股份有限公司

法律顧問／安侯法律事務所
印刷公司／海瑞印刷品有限公司
出版日期／2018年3月四十版四刷
定　　價／250元

ISBN 978-957-43-0201-6（平裝）
NO.F4012

國家圖書館出版品預行編目（CIP）資料

童子軍表解/胡立人 編撰. -- 三十八版. -- 臺北
市 : 中華書局, 民86
面 ;   公分
ISBN 978-957-43-0201-7(平裝)
1.童子軍

546.81   84007816